REDLINE | VERLAG

Patrick Rottler
Leo Martin

DIE GEHEIMEN MUSTER DER SPRACHE

Ein Sprachprofiler verrät, was andere wirklich sagen

Bibliografische Information der Deutschen Nationalbibliothek
Die Deutsche Nationalbibliothek verzeichnet diese Publikation in der Deutschen Nationalbibliografie. Detaillierte bibliografische Daten sind im Internet über http://dnb.d-nb.de abrufbar.

Für Fragen und Anregungen
info@redline-verlag.de

3. Auflage 2021

Türkenstraße 89
80799 München
Tel.: 089 651285-0
Fax: 089 652096

Alle Auftraggeber der Agentur für forensische Textanalyse können auf unsere Diskretion vertrauen. Alles, was Sie hier lesen werden, beruht auf wahren Begebenheiten. Zum Schutz der Vertraulichkeit und aus rechtlichen Gründen wurden Namen und Eigenschaften der handelnden Personen teilweise abgeändert, Orte und Sachverhalte variiert.

Redaktion: Diane Zilliges
Umschlaggestaltung: Marc Fischer, München
Umschlagabbildung: rangizzz_Letterpress-Hintergrund, Nahaufnahme von vielen alten, zufälligen Metallbriefen mit Kopienraum/Shutterstock
Fotos: Avisio – Uta Kellermann
Satz: Carsten Klein, Torgau
Druck: CPI books GmbH, Leck
Printed in Germany

ISBN Print 978-3-86881-828-4
ISBN E-Book (PDF) 978-3-96267-282-9
ISBN E-Book (EPUB, Mobi) 978-3-96267-283-6

Weitere Informationen zum Verlag finden Sie unter

www.redline-verlag.de

Beachten Sie auch unsere weiteren Verlage unter www.m-vg.de

INHALTSVERZEICHNIS

DIE VERRÜCKTESTEN FÄLLE DER SPRACH-PROFILER

SPRACHPROFILER ÜBERFÜHRT HACKER (S. 20)

Im Internet bewegt er sich anonym und sicher. Weder Polizei noch IT-Experten können den Täter im Grau der Datenwelt aufspüren. Doch eines verrät ihn: seine Sprache.

ALARMSTUFE ROT IN DER GESCHÄFTSLEITUNG (S. 34)

Es ist fünf vor zwölf. Wenn in der laufenden Verhandlung Insider-informationen nach außen dringen, kann alles scheitern. Der Countdown läuft, aber wer stoppt den Täter?

KRÜMELMONSTERS KEKSKLAU (S. 55)

Ein echter Krimi: Ein Erpresserbrief aus aufgeklebten Zeitungs-buchstaben sorgt weltweit für Aufsehen.

DAS SPIEL MIT DEM STALKER GERÄT AUSSER KONTROLLE (S. 83)

Eine Frau lässt sich auf ein perfides Spiel mit einem Stalker ein. Es wird sie am Ende ihre Freunde und ihre Heimat kosten.

TATORT TESTAMENT: OMA IRMGARDS VORLETZTER WILLE (S.105)

In ihrem Testament hat Oma Irmgard alles bestens geregelt. Trotzdem erlebt die Familie nach ihrem Tod eine böse Überraschung.

HOHE WELLEN IM MAINZER RATHAUS (S. 125)

Angriff auf den Oberbürgermeister: Kurz vor den Wahlen tauchen unglaubliche Anschuldigungen auf. Anonym. Noch unglaublicher ist nur das Ermittlungsergebnis der Sprachprofiler.

DIE UNGLAUBLICHE VORHERSAGE (S. 149)

Opfer oder Täter? Der Sprachprofiler sieht voraus, welche Fehler der Täter in seinem nächsten Schreiben machen wird. Und die Falle ist gestellt …

HASS & HETZE: WENN POLITIKER POST BEKOMMEN (S. 173)

Internet-Hetze bedroht Kommunalpolitiker in ganz Deutschland. Als sein Briefkasten zum Friedhof der Kuscheltiere wird, sieht der Oberbürgermeister rot.

DER KNICK IN DER KARRIERELEITER (S. 199)

#MeToo hat die Gesellschaft aufgeweckt. Aber es ruft auch schwarze Schafe auf den Plan, die die Debatte nutzen, um anderen zu schaden.

GEHEIMWAFFE SPRACHPROFILING

GELEITWORT VON FRANZ-M. GÜNTHER

In den letzten Jahrzehnten wurde das Sprachprofiling zur schlagkräftigen Waffe gegen anonyme Täter ausgebaut. Und trotzdem ist diese kriminalistische Kunstform, genau wie die Schattenwelt der Spionage, fast unsichtbar.

Viele, die heute Sprachwissenschaften studieren, besuchen auch Vorlesungen zum Thema Forensische Linguistik. Das klingt spannend und verspricht Abwechslung vom Grau in Grau der Grammatik. Am Ende bleiben jedoch nur wenige am Ball und machen es zu ihrer Profession. Und das hat tausend gute Gründe. Man muss es mögen, nach der Nadel im Heuhaufen zu suchen. Man muss es mögen, zwanzig, dreißig Stunden lang einen einzigen Text zu durchleuchten. Man muss es mögen, sich mit jedem überführten Täter einen weiteren Feind zu machen. Man muss es mögen, jeden Tag von gegnerischen Anwälten angegriffen zu werden. Man muss es mögen, auch nachts und an den Wochenenden auf Abruf zu sein. Denn dort, wo ein Sprachprofiler gebraucht wird, herrscht Druck! Zudem dauert es Jahre, bis man halbwegs sicher im Sattel der Forensischen Textanalyse sitzt. Der Job ist härter als ein Erpresserbrief.

Aber die Praxis ist letztlich der beste Lehrmeister. Patrick Rottler hat die sprachliche Detektivarbeit zu seiner Profession gemacht. Als Digital Native bewegt er sich sicher im Feld der Datenanalyse. Ihm wünsche ich eine glückliche Hand beim Kampf gegen das anonyme Verbrechen, und Ihnen wünsche ich spannende Unterhaltung beim Lesen. Hier werden Sie von zwei alten Rivalen begleitet: dem Guten – und dem Bösen.

Ihr
Franz-M. Günther
Gründer Deutsches Spionagemuseum, Berlin
www.deutsches-spionagemuseum.de

GEHEIMWAFFEN DER KOMMUNIKATION – SANFTE STRATEGIEN MIT DURCHSCHLAGENDER WIRKUNG

VORWORT VON LEO MARTIN

Zehn Jahre lang war ich als Agent für den deutschen Inlandsgeheimdienst im Einsatz. Als Vernehmungsexperte habe ich dort das Kommunikationsverhalten von Menschen in Extremsituationen analysiert. Mein Job war es, kriminellen Tätern geheime Insiderinformationen zu entlocken. Als ich beim Nachrichtendienst angefangen habe, war ich Anfang zwanzig. Zehn oder fünfzehn Jahre jünger als alle anderen Agenten in meiner Einheit. Es hat einige Zeit gedauert, bis meine Kollegen mich ernst genommen haben. Aber am Ende war ich derjenige mit den großen Fällen und schoss die Karriereleiter nach oben.

Auch Patrick Rottler wäre sicher ein sehr guter Agent geworden. Denn er beherrscht die Geheimwaffen der Kommunikation. Als Sprachprofiler ist es sein Job, anonymen Texten ihr größtes Geheimnis zu entlocken: das Geheimnis, wer sie geschrieben hat. Auch er ist mit Abstand der jüngste Analyst in seinem Fach. Zwanzig, dreißig Jahre jünger als die meisten seiner Kollegen. Und er wird jetzt schon ernst genommen. Auch er arbeitet verdeckt. Dort, wo es am spannendsten ist, dem anonymen Täter immer dicht auf der Spur.

Ihr
Leo Martin
Ex-Geheimagent, Kriminalist, Vernehmungsexperte & Bestsellerautor
www.leo-martin.de

EINLEITUNG

Wenn Worte zu Waffen und Texte zu Tatorten werden, beginnt mein Einsatz. Ich bin Sprachprofiler der Agentur für forensische Textanalyse. Mein Job ist es, anonyme Täter anhand ihrer Sprachmuster zu überführen. Das Faszinierende an meiner Arbeit ist der Blick hinter die Kulissen, in die Abgründe der menschlichen Psyche. Wo nach außen hin heile Welt gespielt und ein süßes Leben gepostet wird, darf ich hinter die Fassaden sehen.

»Der Ring an deinem Finger macht dich hässlich!«, »Dein Mann betrügt dich schon seit der Hochzeitsnacht!« oder »Passen Sie auf, wenn Ihre Kleinen draußen spielen ...«. Eine anonyme Nachricht kommt selten allein. Oft tauchen sie in Serien auf und begleitet von unangenehmen Folgeerscheinungen. Vom Misstrauen des Partners, der auf einmal alles kritisch hinterfragt. Der Freundeskreis wendet sich ab, weil böse Gerüchte die Runde machen. In der Arbeit bittet der Chef zum Gespräch unter vier Augen und spricht eine letzte »gut gemeinte« Warnung aus. Und dann die ständige Angst vor dem, was wohl als Nächstes passieren wird. Das Schlimmste ist für viele Betroffene die Ungewissheit: Sie wissen nicht, wer da so feige aus dem Dunklen schießt. Eine anonyme Nachricht hat schon manches Leben nachhaltig verändert. Nicht nur privat.

Oft sind unsere Auftraggeber Unternehmen. Dann werden beispielsweise Führungskräfte angegriffen. Auch hier ist das Spektrum der Behauptungen breit gefächert: »X hat über fingierte Beraterverträge Millionen ins Ausland verschoben ...«, »Im Bereich Y wird regelmäßig gegen gesetzliche Vorschriften verstoßen ...«, »Z hat die Gegenseite während der Verhandlung mit internen Informationen versorgt ...« oder »Wenn Sie unseren Forderungen nicht nachkommen, machen wir ernst!«.

Die anonymen Täter sind manchmal Mitbewerber, enttäuschte Kunden, Kooperationspartner, eiskalte Kriminelle, Aktivisten, gelegentlich auch frustrierte Mitarbeiter, ehemalige oder aktuelle. Auf einmal stehen Polizei, Steuerfahndung oder Staatsanwaltschaft vor der Tür. Später zeigt die Akteneinsicht: Auslöser war ein sehr konkretes anonymes Schreiben. Gespickt mit Insiderwissen und, wie sich dann herausstellte, einigen Halbwahrheiten und etlichen Lügen. Die Vorwürfe erwiesen sich schnell als haltlos. Das Bild auf den Titelseiten der Zeitungen bleibt: Steuerfahnder, die schwere Kisten aus der Konzernzentrale schleppen.

Unser Job ist es, Klarheit zu schaffen. Dem anonymen Täter anhand seiner Sprachmuster ein Gesicht zu geben. Manchmal ist es auch unser Auftrag, Verdächtige nach Möglichkeit zu entlasten. Dazu tauchen wir tief in die Texte ein. Machen Muster sichtbar, die den meisten Menschen beim Lesen verborgen bleiben.

Während Sie dieses Buch lesen, werfen Sie einen Blick über meine Schulter. Sie begleiten mich bei unseren Einsätzen als Sprachprofiler, erhalten Einblicke in unsere verrücktesten Fälle und ermitteln gemeinsam mit uns gegen anonyme Täter. Beim einen oder anderen Fall habe ich Ihnen auch Textstellen aus echten Drohbriefen und Erpresserschreiben mit abgedruckt. Vielleicht haben Sie Lust, beim ersten Lesen schon einmal darauf zu achten, ob Ihnen sprachliche Besonderheiten ins Auge stechen. Diese werden wir brauchen, um am Ende gemeinsam einen Ermittlungserfolg zu feiern. Mit jedem Fall werden Sie mehr und mehr an Sicherheit gewinnen und erfahren, worauf wir Sprachprofiler achten, um erfolgreich zu sein.

Auf dem Weg durch dieses Buch werden Sie in zahlreichen Fällen ermitteln. Diese sollen Ihnen ein Gefühl für das Spektrum unserer Einsätze und unserer Ermittlungsansätze vermitteln. Natürlich habe ich die Fälle so gewählt, dass Sie jederzeit spannend unterhalten sind und auch der eine oder andere Überraschungsmoment garantiert ist. Denn oft sind sich unsere Auftraggeber sicher, wer der anonyme Täter sein muss. Dann werden wir angeheuert, um einen hieb- und stichfesten Beweis dafür zu liefern. Dabei kommt es aber regelmäßig vor, dass sich ein Auftraggeber grundlegend täuscht. Dann bekommt der Fall plötzlich eine unerwartete Wende, die Sie beim Lesen genau so kalt erwischen wird wie uns bei der Analyse. Der eine Fall wird Sie schockieren, ein anderer faszinieren, der nächste kopfschüttelnd zurücklassen. Ich selbst erlebe beim Lesen alles, von Spannung über Spaß bis hin zu kurzem körperlichem Schmerz. Mal sehen, ob es Ihnen auch so geht. Auf jeden Fall sollen unsere Fälle Ihnen zeigen, wie spannend Sprache sein kann. Wir werden Kommunikation im Allgemeinen und Sprache im Besonderen aus einer ganz ungewohnten Perspektive beleuchten. So wollen wir Sie neugierig machen auf mehr! Dabei müssen Sie kein großer Fan von Grammatik, Rechtschreibung oder Zeichensetzung sein. Auch wenn Sie sagen: »Von Grammatik habe ich schon mal irgendwann, irgendwo, irgendetwas gehört, meine Rechtschreibung stimmt sicher so im Groben, und Kommas setze ich rein nach Gefühl …«, werden Sie Spaß an diesem Buch haben. Vielleicht sogar noch ein bisschen mehr.

Für uns Sprachprofiler ist Sprache in erster Linie Identität. Egal ob gesprochen oder geschrieben. Sie ist ein Teil von uns. Und egal wie wir uns ausdrücken, ob einfach oder gehoben, gestochen oder gebrochen, gespickt von Fehlern oder fast frei davon, es ist okay. Es geht uns nicht um Perfektion. Ehrlich gesagt freut sich ein Sprachprofiler über jeden Fehler, den er findet. Denn er kann helfen, dem Täter auf die Spur zu kommen. Und gerade, weil sich dieses Buch an

Jedermann und jede Frau richtet, werden wir auf Fachlatein verzichten. Für die paar wenigen Stellen, an denen das nicht möglich ist, haben wir hinten im Buch ein Fachwortverzeichnis mit kurzen Erläuterungen eingefügt. Auch werden wir keine einzige Studie langatmig zitieren. Dafür bekommen Sie dann Extra-Tipps zum Weiterlesen. Dieses Buch soll Spaß machen und Sie im Alltag weiterbringen. Für unsere Kollegen und Kolleginnen aus der Linguistik, Germanistik, Sprach- oder Kommunikationswissenschaft schreiben wir dann beizeiten gern ein Fachbuch.

Wenn Sie Lust haben, gemeinsam mit uns anonyme Täter zu überführen; wenn Sie den geheimen Mustern der Sprache auf die Spur kommen wollen; wenn Sie neben unseren Ermittlungen Ihre ganz persönliche Mission Menschenkenntnis starten wollen, dann haben Sie sich für den genau richtigen Lesestoff entschieden. Sie werden lernen, wichtige Verhaltensmuster zu erkennen, und erfahren, wie stark diese Muster auf unsere Sprache durchschlagen. Wir verraten, wie Ihre Worte noch wirksamer und Ihre Texte noch treffsicherer werden. Vielleicht gelingt es Ihnen damit in Zukunft, an der einen oder anderen Stelle noch ein bisschen besser zu überzeugen. Sie werden erleben, welche psychologischen Fallen bei der Bewertung von Informationen auf uns lauern und wie wir diese unschädlich machen können. Sie bekommen ein ganzes Arsenal an psychologischen Tricks und kommunikativen Kniffen, die Ihnen den Umgang mit anderen leichter und angenehmer machen.

Wir werden Sie mit dem bestmöglichen Handwerkszeug ausrüsten, damit Sie in Zukunft noch genauer wissen, woran Sie bei Ihrem Gegenüber sind. Was der andere sagt, sagt er das nur so? Oder meint er das auch wirklich? Hat er einen Hintergedanken oder nicht? Macht sie gerade einen Witz, oder meint sie das ernst? Erzählt er alles, was wichtig ist, oder behält er einen wesentlichen Teil zurück? Wird sie sich wirklich voll und ganz für mich einsetzen, oder war das nur ein Lippenbekenntnis? Wenn Sie dieses Buch aufmerksam gelesen haben, wissen Sie, wie Sie in Zukunft herausbekommen, was andere wirklich sagen!

Ich wünsche Ihnen viel Spaß auf Ihrer Mission Menschenkenntnis – und vor allem viel Erfolg bei Ihren Ermittlungen!

Ihr
Patrick Rottler

»Ein Sprachprofiler analysiert alles! Von der einfachen Wortwahl bis tief hinein in die Grammatik von Haupt- und Nebensätzen.«

Patrick Rottler

SPRACHPROFILER ÜBERFÜHRT HACKER

Im Internet bewegt er sich anonym und sicher. Weder Polizei noch IT-Experten können den Täter im Grau der Datenwelt aufspüren. Doch eines verrät ihn: seine Sprache.*

Es fühlte sich an, als ob sich ein unsichtbarer Riemen um ihren Hals zusammenziehen würde. Ganz langsam. Immer enger und enger. Sie war kreidebleich, starrte fassungslos auf den Bildschirm ihres Rechners. Als ihr Brustkorb anfing zu brennen, merkte sie, dass sie zwanzig, dreißig, vielleicht vierzig Sekunden lang nicht geatmet hatte. Mit einem Schlag krachte ein ekelhaftes, eisiges Kribbeln von innen gegen die Haut ihres Gesichts. Wie zehntausend klitzekleine Nadelstiche. Ihr Kopf dröhnte, als wäre sie mit achtzig Sachen gegen eine Wand gerast. Marleen hatte gerade ihre Ausbildung zur Bürokauffrau abgeschlossen und war als Einzige übernommen worden. Weil Vivian, der die Stelle längst fest versprochen war, sich dann doch noch für ein Studium entschieden hatte. Auch wenn sie sich nichts hatte anmerken lassen, war es Marleen schon etwas auf den Magen geschlagen, nur die Nachrückerin zu sein. Und dann auch noch unter Dr. Judas. Er war der pedantischste unter den Juristen. Jeder Strich und jeder Punkt mussten sitzen. Und zwar nach seinem Geschmack! Für die Assistentinnen war er nur »der Formatierungs-Fetischist«. Der Einzige in der ganzen Kanzlei, der sich für Zeilenabstände und Seitenumbrüche, für Horizontal- und Vertikalabstände interessierte. »Der Mandant sieht nicht die fachliche Qualität unserer Arbeit, aber er sieht auf den ersten Blick, ob die Formatierung passt oder nicht!«, war eine seiner Überzeugungen, die er nicht müde wurde zu wiederholen.

Dr. Judas war Marleen zuwider. Lange würde sie ihn nicht aushalten. Zum Glück stand er schon kurz vor dem Ruhestand. Wenn

* Bearbeitet und sprachwissenschaftlich gelöst durch Prof. Dr. Raimund Drommel.

er ihr seitenlange Schriftsätze diktierte, saß er hinter ihr, las über ihre Schulter mit und griff in jedes noch so kleine Detail ein. »Nein, dieses hier rüber!« »Das rücken wir ein!«, »Dort zweimal Tab!«, »Ich habe gesagt Bindestrich, nicht Gedankenstrich!«. Wenn ihr im Diktat ein Rechtschreibfehler unterlief oder sie sich auch nur vertippte, monierte er sofort. Noch bevor sie auch nur den Hauch einer Chance gehabt hätte, selbst zu korrigieren. Als ob sie die rotgeringelten Linien der automatischen Rechtschreibkorrektur nicht selbst gesehen hätte. Er wirkte oft kühl und distanziert. Aus Marleens Sicht manchmal sogar emotionslos, trocken und starr. Auch wenn es um reine Geschmacksfragen der Gestaltung ging, hatte er eine feste Vorstellung, von der er unter keinen Umständen abwich. Er war Form, Struktur und Gründlichkeit durch und durch. Und so waren auch seine Schriftsätze. Davon gab es keine Ausnahme.

Auch am vergangenen Freitag nicht. Marleen wollte gerade den Rechner herunterfahren und auf dem Weg in den Feierabend noch den Aktenwagen in die Registratur bringen, als Dr. Judas mit einer Fristsache vor ihr stand. Er sprach noch zackiger als sonst und so tippte Marleen noch zügiger als sonst. Vier Seiten Widerspruch in einer Markenrechtssache. »So und jetzt bitte raus per Mail VOR 18 Uhr.« Das VOR hatte er besonders betont. Marleen nickte, lächelte leicht angestrengt, aber dennoch freundlich. Und klickte dann auf … DATEI LÖSCHEN … zwölf Minuten vor Ende der Frist … In all der Anspannung hatte sie nur ein einziges Mal zwischengespeichert. Ganz zu Beginn. Auf Seite eins, Absatz eins, nach Satz eins … Die Sache war noch zu retten, aber das Wochenende war für Marleen gelaufen.

Am Montagmorgen kam es noch härter. Gerade erst hatte sie begonnen, ihr Postfach durchzuarbeiten. Nun starrte sie auf einen Bildschirm, auf dem ihr im Sekundentakt Windows-Fenster entgegengeschossen kamen. Fenster in Fenster in Fenster in Fenster … Erst Hunderte, dann Tausende. Sie hatte auf einen verseuchten Link in einer E-Mail geklickt und damit die EDV im ganzen Haus lahmgelegt.

Die Kanzlei Dreistmund besteht aus sechzig Notaren und Rechtsanwälten. Die Daten der Mandanten waren hinter Firewalls eingekerkert und gesichert wie Fort Knox. Dennoch war es hier offensichtlich einem Hacker gelungen, die komplette Kommunikation auf vier Etagen zu Fall zu bringen. »Oh mein Gott!«, »Verdammte Sch…!« und »Yehaaaa, Feierabend!«, hörte man es aus den umliegenden Büros rufen. Als sie wieder zu sich kam, dachte Marleen nur an eines: »Das war's dann wohl!«

Verunsicherung und hektischer Aktionismus machten sich breit. Erst liefen die Telefone heiß, und als die Lage dann auch dem letzten Kollegen klar war, herrschte zwei, drei Stunden lang gespenstische Ruhe. Es fühlte sich an wie die trügerische Stille im Auge eines Orkans. Offenbar wurde die IT des Unternehmens angegriffen. Zufällig oder gezielt? Das konnte momentan noch niemand sagen. Auf jeden Fall geschah es zu einem Zeitpunkt, wie er ungünstiger nicht hätte gewählt werden können. Zwei der Teams waren in den Endzügen einer gigantischen Übernahmeverhandlung. Seit Wochen wurden unter Hochdruck die letzten Details ausgekartet. Wie üblich im Ping-Pong-Verfahren per Mail. Und nun: Stille!

Marleen hatte den Mut aufgebracht, sofort zu beichten, was ihr widerfahren war. Trotz schriftlicher Belehrungen, Sicherheitsschulungen und routinemäßiger Warnungen hatte sie auf den Link eines unbekannten Absenders geklickt. Zwar stand ihr Bereich gelegentlich im Kontakt mit einem »Dr. Bayerlein«. Dieser hatte jedoch in der Vergangenheit immer von seiner geschäftlichen E-Mail-Adresse aus geschrieben. Der gmx-Account und die Aufforderung »Beweisführung für Eilantrag, bitte hier runterladen:«, hätte sie dennoch stutzig machen können.

Die hausinterne IT-Task-Force konnte den Hackerangriff schnell beenden. Bis das System wieder rund lief und auf mögliche weitere versteckte Schadsoftware überprüft war, vergingen exakt vierundzwanzig Stunden. Glück gehabt! Der Hacker hatte solide Arbeit geleistet. Die von ihm angewendete Methode war offensichtlich nicht mehr ganz taufrisch, dennoch hatte sie ihre Wirkung nicht verfehlt. Zwar hatte der Angriff auch digitale Abdrücke im Netz hinterlassen, doch die Verschleierung funktionierte. Die IT-Forensiker konnten den Weg des Angriffs von China über Russland zurück nach Deutschland verfolgen. Einmal um die Welt … Doch dann verlor sich die Spur in Rumänien. Bei einem Provider, von dem man wusste, dass dort regelmäßig die Ermittlungen enden. Hier war kein Anfänger am Werk gewesen. »Unser Outlook spinnt gerade …«, hatte der eine oder andere Mitarbeiter im ersten Moment auf Nachfrage angegeben. Später hatte man sich auf eine förmlichere Kommunikation festgelegt: »Wir hatten ein Thema mit der EDV, das wir gerade Schritt für Schritt nachvollziehen. Die Daten unserer Mandanten sind und waren zu jedem Zeitpunkt sicher!«

Während für die meisten der Notare, Rechtsanwälte und Büroangestellten danach schnell wieder der Alltag einkehrte, war Peter Mangold alarmiert. Mit seinen einundvierzig Jahren war er der jüngste Partner in der Kanzlei. Bis vor zwei Jahren war er in der Geschäftsführung eines Beratungsunternehmens, dessen IT zweimal innerhalb nur eines Jahres angegriffen worden war. Die Täter hatten alle Daten verschlüsselt und hohe Summen in Bitcoin gefordert. Erst dann gab es den vermeintlichen Freischaltcode. Warum gab es jetzt keine Forderungen? War der Versuch missglückt? Was würde als Nächstes passieren? War das erst der Anfang?

Auch Marleen war mit sich und ihren Gedanken allein. In ihr herrschte ein regelrechtes Gefühlschaos. Niemand hatte seither das Gespräch mit ihr gesucht. Weil das in der Probezeit wohl auch nicht notwendig gewesen war, vermutete sie. Dr. Judas würde sie vermutlich in den nächsten Tagen einfach vor vollendete Tatsachen stellen. Er propagierte zwar immer, wie wichtig es wäre, dass der Mandant sich in jeder Sekunde ernst genommen fühlt. Aber das schien wohl auch nur für Mandanten zu gelten. Das hatte sie sich schon öfter gedacht. Einer der IT-Forensiker hatte sich von ihr die E-Mail zeigen lassen, mit der das Unglück seinen Lauf genommen hatte. Das war es. Seitdem saß sie an ihrem Platz, vor ihrem Rechner und tippte in einer Tabelle herum. An konzentrierte Arbeit war nicht zu denken. Die Stille um sie herum machte sie fertig. Als wäre sie unsichtbar. Als wäre nichts passiert.

Plötzlich schob jemand mit seinem Unterarm die Blätter der großen Palme zur Seite, die rechts neben ihrem Schreibtisch stand. »Hier haben Sie sich versteckt?!« Es war Peter Mangold, der einen Ausdruck auf ihre Schreibunterlage gleiten ließ. »Bitte schauen Sie sich das an und schauen Sie, ob Sie noch solche finden. Aber löschen Sie nicht wieder das ganze Internet!«, schob er nach, feierte sich selbst für seinen coolen Spruch und verschwand so geräuschlos, wie er gekommen war. Vor Marleen lag eine Google-Bewertung. Ein Stern für die Kanzlei Dreistmund Notare & Rechtsanwälte:

Tarek Su

vor 5 Tagen

Zum zweiten Mal verzockt!

Eigenen Angaben nach wird man hier »nicht nur juristisch, sondern auch realistisch« beraten! Auch nach dem ersten Supergau haben wir uns weiter blenden lassen. Hier wird abgezockt ohne Rücksicht auf Verluste! Das Marketing ist vielleicht stark, die juristische Vertretung ist leider schwach. Wie will man mit Kinderjuristen, Studium gerade so bestanden, ein Verfahren gewinnen? Ein Stern für Dreistmund – und NULL Mandate mehr – nie mehr!

Dieser Text entspricht sinngemäß der original Google-Rezension, Namen wurden geändert, Fehler und besondere Merkmale wurden dem Original entsprechend sinngemäß übernommen.

Marleen hatte seit dem Beginn ihrer Ausbildung auch die Social-Media-Aktivitäten der Kanzlei betreut. Einmal wöchentlich postete sie auf Instagram und Facebook. Mal zu einem aktuellen Gerichtsurteil, mal zu einem Rechtsbegriff, mal einen Kommentar zu einem Gesetz oder einer Verordnung. 342 Fans bei Facebook, 126 bei Instagram. Und das bei stolzen 26 Millionen Euro Jahresumsatz der Kanzlei. Die Mandanten schienen auf diesen Kanälen nicht zu verkehren. Trotzdem stand Peter Mangold persönlich hinter diesem Weg. »Das gehört heute einfach mit dazu!« und »Diese Zeit nehmen wir uns!«, so hatte er auf der letzten Mitarbeiterversammlung wiederholt verkündet. Peter Mangold war es auch, der wusste, dass ein Online- und Social-Media-Check gerade nach Vorfällen wie dem aktuellen zum kleinen Einmaleins des Reputationsmanagements gehört. Die ausgedruckte Rezension war unter den Top-Drei der Google-Bewertungen für die Kanzlei. Ein paar kurze Klicks hatten ihm genügt, um zu erkennen, dass hier eine gründlichere Recherche notwendig war.

Marleens Ausbeute konnte sich sehen lassen. Innerhalb einer Stunde fand sie auf unterschiedlichen Portalen in Summe achtzehn negative Bewertungen. Alle entstanden in den letzten zehn Tagen. Und alle stammten von neu angelegten Profilen.

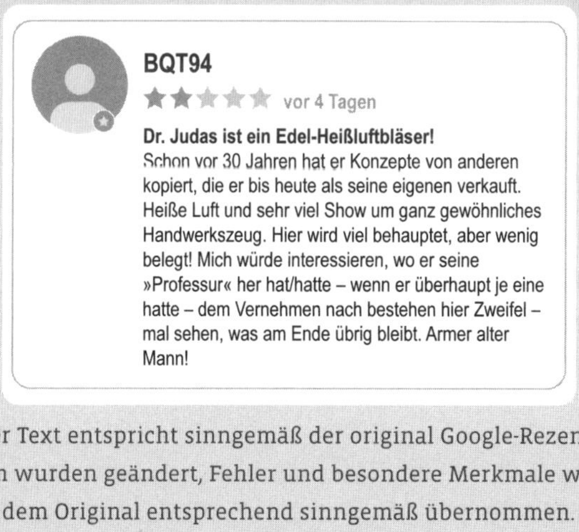
BQT94

vor 4 Tagen

Dr. Judas ist ein Edel-Heißluftbläser!

Schon vor 30 Jahren hat er Konzepte von anderen kopiert, die er bis heute als seine eigenen verkauft. Heiße Luft und sehr viel Show um ganz gewöhnliches Handwerkszeug. Hier wird viel behauptet, aber wenig belegt! Mich würde interessieren, wo er seine »Professur« her hat/hatte – wenn er überhaupt je eine hatte – dem Vernehmen nach bestehen hier Zweifel – mal sehen, was am Ende übrig bleibt. Armer alter Mann!

Dieser Text entspricht sinngemäß der original Google-Rezension, Namen wurden geändert, Fehler und besondere Merkmale wurden dem Original entsprechend sinngemäß übernommen.

Mabus02
vor 4 Tagen
Einfach nur bitter!
Sechs Monate habe ich mir angehört, ich wäre auf der sicheren Seite, meinem Antrag würde todsicher zugestimmt. Und dann wurde abschlägig beschieden. Klasse! Einfach nur Mal bitter! Hier hätte ich mir Zeit und Kosten sparen können!

Dieser Text entspricht sinngemäß der original Google-Rezension, Namen wurden geändert, Fehler und besondere Merkmale wurden dem Original entsprechend sinngemäß übernommen.

Auch in der Vergangenheit hatte es online ab und an mal eine negative Stimme gegeben. Doch derart gehäuft waren sie noch nie aufgetreten. Bei Google waren es diese drei Rezensionen, auf Facebook und Instagram gab es eine Handvoll unschöner Kommentare. Diese Kommentare standen unter aktuellen Posts, hatten aber mit deren Inhalten nichts zu tun. Sie bezogen sich nicht mal darauf. Auf dem anonymen Arbeitgeber-Bewertungsportal Kununu.de gab es zwei sehr aktuelle Bewertungen. Angeblich von Ex-Mitarbeitern der Kanzlei, obwohl in den letzten neun Monaten kein einziger Mitarbeiter das Unternehmen verlassen hatte. Auch hier nur ein Stern und ein gehässiger Kommentar in jeder Kategorie. Natürlich blieb das Haus Dreistmund auch auf den Fachportalen Anwalt.de und 123Recht.de nicht verschont. Jede einzelne dieser Bewertungen war rund um den Zeitpunkt der Hackerattacke erstellt worden. Kurz vorher oder kurz danach. Klar konnte das Zufall sein … Aber so naiv war Peter Mangold nicht. »Es müsste mit dem Teufel zu tun haben, wenn hier nicht ein Zusammenhang besteht!«, hatte er beim Krisentreffen im Kreise der Partner gesagt. Und genau dieser Spur ging er nun nach.

Nachdem die IT-Forensik den Hacker nicht überführen konnte, witterte er nun eine Chance durch die Forensische Textanalyse. Wenn er herausbekommen könnte, wer hinter den anonymen Kommentaren steckt, wäre er vielleicht auch dem Hacker ein Stück näher … So landete dieser Fall auf dem Schreibtisch meines damaligen Ausbilders, einem langjährigen Praktiker der forensischen Linguistik. Es war einer der ersten Fälle, an denen ich damals mitarbeiten durfte. Unser Unternehmen in seiner heutigen Form gab es damals noch nicht. Die Kanzlei Dreistmund wollte ein Täterprofil. Die Fragestellung lautete: Stammen all diese Rezensionen, Bewertungen und Kommentare vom selben Autor? Und wenn ja, wie sieht der Autor aus? Ist er ein Mann oder eine Frau? Alt oder jung? Gut gebildet oder weniger? Und da die Kanzlei im gesamten deutschsprachigen Raum Mandanten vertritt, stammt er aus dem Norden, dem Süden, dem Osten oder dem Westen? Aus Deutschland, Österreich oder der Schweiz? Was ist sein Profil?

Der anonyme Autor hatte in den meisten Fällen reißerische Überschriften gewählt, war regelmäßig ins Umgangssprachliche abgerutscht und hatte gelegentlich polemische Spitzen gesetzt. Doch nachdem alle Texte erfasst und in ihre einzelnen Bestandteile zerlegt waren, fiel nach und nach auch auf, dass verhältnismäßig viele Formulierungen auftauchten, die man beispielsweise einem Juristen zuordnen würde. Oder einem Polizisten, einem Richter, einem Staatsanwalt, aber auch der Schreibkraft aus einer Rechtsanwaltskanzlei. Auf jeden Fall jemandem, der regelmäßig mit juristischen Schriftsätzen zu tun hat und oft mit Gesetzestexten argumentiert.

Typisch für diese Berufsgruppen ist der oft schmucklose Gebrauch verallgemeinernder Begriffe, blasser Verben und ein betont nüchterner Stil. Weil es darum geht, komplexe Sachverhalte klar, präzise und dennoch so einfach wie möglich auf den Punkt zu bringen.

»Eigenen Angaben nach«, »dem Vernehmen nach«, »es bestehen Zweifel«, »in Anbetracht der Tatsache«, »kann nichts anderes gelten als«, »ohne dass dies hier näher ausgeführt zu werden brauchte«, »wurde abschlägig beschieden«, »doch diese Frage stellt sich hier nicht«, »hiermit zeige ich an«, »unter Bezugnahme auf«, »ist meines Erachtens so nicht möglich« … In jedem der Kommentare fanden sich derartige Formulierungen. Alle ganz beiläufig und unauffällig. Keiner dieser Begriffe war überbetont oder besonders in Szene gesetzt. Sogar in Kommentaren, die besonders umgangssprachlich formuliert waren, fanden sich entsprechende Stellen.

Bei komplexeren Fällen stehen wir im ständigen Austausch mit unseren Auftraggebern. Teilen jede neue, möglicherweise wichtige Erkenntnis mit und stimmen den weiteren Verlauf unserer Ermittlungen und Analysen ab. So auch in diesem Fall. Zusammen mit Peter Mangold und einem seiner Partner diskutierten wir unseren Verdacht. Der Autor der Negativrezensionen war unserer Vermutung nach kein unbekannter Dritter und kein enttäuschter Mandant. Er kam aus der Branche. Vielleicht ein aktueller oder ehemaliger Mitarbeiter. Eher ein Mann als eine Frau. Eher im Alter zwischen vierzig und fünfundfünfzig Jahren als deutlich jünger oder älter. Vom studierten Juristen bis zur angelernten Assistenz war alles möglich. Vielleicht auch ein abgelehnter Bewerber oder ein Mitbewerber. Doch das Feld war noch zu weit. In der Theorie kamen zu viele infrage und in der Praxis traute man es keinem der aufkommenden Namen so wirklich zu. Es fehlte das nachvollziehbare Motiv. Ein Motiv, das so stark war, den Aufwand zu rechtfertigen, zig Profile anzulegen, Zeit, Energie und Nerven zu investieren. Ganz zu schweigen von dem Hackerangriff. Und ein gewisses Risiko, am Ende enttarnt zu werden, war da ja auch.

Am selben Tag, kurz vor Mitternacht, erreichte uns dann doch noch eine Sprachnachricht von Peter Mangold: »Wir versuchen etwas, lassen Sie uns morgen früh sprechen, ich melde mich.« Um

7.50 Uhr klingelte dann schon das Telefon und man konnte seine Euphorie förmlich spüren: »Ich schicke Ihnen heute noch Vergleichstexte von vier verschiedenen Personen. Wir schießen mal ins Blaue, aber ich bin mir sicher, die grobe Richtung stimmt!«

Mehr Informationen waren zu diesem Zeitpunkt nicht nötig. Unser Job ist es festzustellen, ob Sprachmuster zueinanderpassen oder nicht. Nicht mehr, aber auch nicht weniger. Hintergrundinformationen und Hypothesen braucht es dazu nicht. Im Gegenteil, es hat sich bewährt, wenn der Sprachprofiler bei seiner ersten Analyse nicht zu viel weiß. Das objektiviert das Verfahren. Der Auswerter lässt sich so nicht vom eingefärbten, manchmal sogar eingetrübten oder parteiischen Blick seines Auftraggebers beeinflussen. Genau aus diesem Grund werden auch beim Geheimdienst Beschaffung und Auswertung von Informationen getrennt.

Nach drei Tagen und zwei kurzen Nächten lag dann ein sehr eindeutiges Ergebnis vor. Drei der Vergleichspersonen konnten wir mit sehr hoher Wahrscheinlichkeit ausschließen, eine mussten wir stark belasten. Es handelte sich um einen Bewerber, der abgelehnt worden war. »Von dem lassen wir die Finger, das ist ein Narzisst. Der macht Erfolg nicht mit anderen, sondern gegen andere«, hatte der Büroleiter nach dem Vorstellungsgespräch zurückgemeldet. Obwohl die Kanzlei dafür bekannt ist, keineswegs konfliktscheu ins Feld zu ziehen, überwog hier das schlechte Bauchgefühl. Nachdem der Bewerber eine schriftliche Absage erhalten hatte, hatte er per E-Mail nach Gründen gefragt. Als er daraufhin nicht sofort Antwort erhalten hatte, hatte er am Tag darauf angerufen und wurde ausfällig gegenüber einer Assistentin, die ihn seiner Meinung nach nicht zum Büroleiter durchstellen wollte. Die Sprachmuster der Negativ-Rezensionen wiesen sehr starke Übereinstimmungen mit den Sprachmustern seines Bewerbungsanschreibens und der begleitenden E-Mail-Korrespondenz auf. Er war der anonyme Autor!

Bei den anderen drei Vergleichspersonen hatte es sich um einen konkurrierenden Rechtsanwalt, einen Büroangestellten der Kanzlei Dreistmund und um die Ehefrau von Peter Mangold gehandelt. Der gegnerische Rechtsanwalt vertrat seit mehreren Jahren die Gegenseite in einem zivilrechtlichen Endlosstreit. In diesem Fall vertraten die Dreistmund-Anwälte einen finanziell schmerzfreien Mandanten und konnten so aus vollen Rohren schießen. Unter diesem Dauerdruck hatte sich der Anwalt der Gegenseite, trotz seines grundsätzlich professionellen Verhaltens, an der ein oder anderen Stelle zu verbalen und sehr persönlichen Attacken hinreißen lassen. Dadurch hatte er sich einen Platz auf der Liste der potenziell Verdächtigen erspielt.

Der eigene Büroangestellte hatte einen auffälligen Leistungseinbruch gezeigt und war seit Wochen zwar ansprechbar, jedoch nicht besonders zugänglich. Wie sich später herausstellte, wegen eines persönlichen Schicksalsschlags.

Vergleichstexte seiner Ehefrau hatte uns Herr Mangold geliefert, um die Treffsicherheit unserer Aussagen wenigstens ansatzweise beurteilen zu können. Sie war die Einzige, für die er seine Hand voll und ganz ins Feuer legte. Alle drei konnten wir als Autoren der anonymen Angriffe ausschließen.

Der überführte Bewerber hatte dann noch zusätzlich Pech im Unglück. Um seine Risiken besser bewerten zu können, hatte Peter Mangold einen seiner Rechtsanwälte mit Backgroundrecherchen beauftragt. Der Kollege war in der Wirtschaft, aber auch mit den umliegenden juristischen Fakultäten der Universitäten bestens vernetzt. So stellte ich heraus, dass der betreffende Bewerber sich auch bestens in Sachen IT auskannte. Das war aus seinen Bewerbungsunterlagen nicht hervorgegangen. Über das Netzwerk wurde auch bekannt, dass er sich in der Rechtsabteilung zweier DAX-30-Unternehmen beworben hatte. Bei einem von beiden war er aktuell sogar in der zweiten, engeren Auswahl. Zum Verhängnis wurde ihm dann, dass irgendwo immer irgendwer ist, der irgendwen kennt. Am Rande einer Tagung, in der Schlange vor den Kaffeeautomaten, kam die Geschichte zufällig auf. Und damit hatte sich das Thema auch dort erledigt. Allerdings mit persönlicher, sehr, sehr höflicher Absage: »Es tut uns unendlich leid. Sie waren unser Favorit. Der zuständige Bereichsleiter hat sich mit seinem Kandidaten durchgesetzt. Wir behalten Sie auf dem Schirm.«. Man will ja kein Öl ins Feuer gießen.

Peter Mangold hat sich bislang gegen offensive Maßnahmen entschieden. »Von dem geht keine größere Gefahr aus. Der ist maximal lästig. Und lästig ist's auch, wenn's am Arsch kratzt …«, hatte er in seiner gewohnt lockeren Art zum Besten gegeben. »Ihre Beweisführung liegt bei uns auf Abruf und wenn der Stress will, kann er Stress haben!«. Dann hoffen wir mal für alle Beteiligten, dass alles so bleibt, wie es gerade ist! Ruhig. Außer für Marleen. Für sie hatte ihre Sorglosigkeit beim Öffnen der E-Mail des unbekannten Absenders spürbare Konsequenzen. Sie wurde auf diverse Schulungen geschickt und ist heute verantwortlich für die regelmäßige Sensibilisierung aller Angestellten.

Als ehemaliger Informatikstudent und Hobbyhacker wusste der abgelehnte Bewerber vielleicht, wie man sich unerkannt im Netz bewegt, aber sprachliche Spuren haben ihn verraten. Im nächsten Kapitel erfahren Sie, wie wir ihm und anderen anonymen Tätern regelmäßig auf die Schliche kommen.

»99,9 Prozent aller Formulierungen, Satzkonstruktionen oder Argumentationsstrukturen lassen keine Rückschlüsse auf den Täter zu. Die Kunst ist es, die restlichen 0,1 Prozent zu finden.«

Patrick Rottler

KAPITEL 1:
WIE SPRACHPROFILER ANONYME TÄTER ÜBERFÜHREN

ALARMSTUFE ROT IN DER GESCHÄFTSLEITUNG

Es ist fünf vor zwölf. Wenn in der laufenden Verhandlung Insiderinformationen nach außen dringen, kann alles scheitern. Der Countdown läuft, aber wer stoppt den Täter?

Ralf Rötgen knallt einen Stapel Unterlagen auf den Tisch und brüllt: »So eine Scheiße darf nie wieder passieren!« Er sieht in die betretenen Gesichter seiner Kollegen. Die Situation ist ernst. Die Halbleiterbranche ist ein Haifischbecken. Jedem war klar, dass die Übernahme heikel werden würde. Selbst auf oberster Ebene hatte man lange über Sinn und Unsinn dieses Schrittes gestritten. Am Ende gab es ein Machtwort aus dem Vorstand und man hatte sich auf eine abgestimmte Kommunikation bis zum Abschluss der ersten Verhandlungen verständigt. So lange sollte alles topsecret behandelt werden. Ralf Rötgen zitiert aus einem Schreiben, das ihn am Vormittag über den zentralen Posteingang erreicht hatte:

Herrn Ralf Rötgen

Persönlich/vertraulich!

Sie stehen kurz davor, den größten Fehler Ihrer bis dato so bilderbuchhaften »Karriere« zu machen. Den Kauf der TamTeck werden Sie nicht »überleben«. Anstatt sich eine Spielwiese für Ihr Ego zu schaffen, sollten Sie besser das Kerngeschäft anpacken. (…) Man sieht auf den ersten Blick, dass die Zahlen geschönt, und die TamTeck deutlich überbewertet ist. Da hat noch einmal jemand »die Braut hübsch gemacht«.

Dadurch wird unsere Lage nicht besser, sondern immer ernster. Das Wasser steht uns bis zum Hals. Leider lassen Sie uns keine andere Möglichkeit, das Unternehmen, seine Mitarbeiter, und letztendlich auch Sie(!) zu schützen!

Geben Sie Ihre diesbezüglichen Pläne besser auf, sonst sehen wir uns gezwungen, die in der Anlage befindliche Studie in Kürze der Belegschaft zugänglich zu machen. Der Schritt in die Medien ist dann auch nicht mehr weit. Und dann waren Sie die längste Zeit der strahlende Saubermann … (…)

Damit ist dann wohl alles gesagt …

Hochachtungsvoll,

besorgte Mitarbeiter

Dieser Text entspricht sinngemäß dem originalen Brief, Namen wurden geändert, Fehler und besondere Merkmale wurden dem Original entsprechend sinngemäß übernommen.

Dem anonymen Schreiben beigefügt war die Kopie eines internen Dokumentes der Geschäftsentwicklung, in dem von der Stilllegung einer größeren Forschungseinrichtung und der Streichung von zweihundert Stellen nach der Fusion ausgegangen wird.

Tatsächlich war dieser einschneidende Schritt notwendig, um das Unternehmen strategisch neu auszurichten. Das Marktumfeld hatte sich innerhalb der letzten beiden Jahre so verändert, dass ein Weiter-so in den sicheren Konkurs geführt hätte. Die Fusion mit der Firma TamTeck war ein dünner Strohhalm, um das Geschäft der LithioNanoTec im Kern zu retten und zukunftsfähig zu machen. Um den Zusammenschluss zu ermöglichen, waren im Vorfeld defizitäre Geschäftsbereiche rigoros eingestellt worden. Dabei hatte sich das Unternehmen gut innerhalb des rechtlich zulässigen Rahmens bewegt. Ralf Rötgen war sich seiner Verantwortung zu jedem Zeitpunkt bewusst und hatte seine Entscheidungen dementsprechend getroffen. Der ganze, teilweise schmerzhafte Prozess war so sozialverträglich wie möglich aufgesetzt worden. Die dennoch drastischen Maßnahmen hatten natürlich trotzdem Verunsicherung und Angst in der Belegschaft ausgelöst. Die aktuelle Verhandlung war eine der wenigen verbleibenden Chancen. Doch der Deal war noch nicht in trockenen Tüchern. Wenn er eine Chance haben sollte, brauchte Rötgen Stabilität in seiner Belegschaft und jeden Einzelnen seiner hoch spezialisierten Wissenschaftler. Deshalb stellte in dieser Phase jede Störung von außen eine ernste Gefahr dar. Ein Scheitern hätte sechshundert weitere Jobs gekostet.

TATORT TEXT: EINSATZ FÜR DEN SPRACHPROFILER

Auch dieser Fall ist ein klassischer Einsatzbereich für die Sprachprofiler der Agentur für forensische Textanalyse. Der Auftrag lautet: Überführen Sie den anonymen Täter! Unser Auftraggeber: Ein Unternehmen, das »stille« Ermittlungen – ohne Staatsanwaltschaft – wünscht. Unsere wichtigste Aufgabe: Klarheit schaffen! Denn neben allen strategischen Herausforderungen, vor denen Herr Rötgen jetzt steht, wäre sein größtes Problem, einen nicht identifizierten Maulwurf in den eigenen Reihen zu wissen.

Anonyme Schreiben treten in den unterschiedlichsten Erscheinungsformen auf. Die aus Illustrierten ausgeschnittenen und aufgeklebten bunten Buchstabentexte sind – und waren schon immer – die absolute Ausnahme. Jede andere Form ist tägliche Praxis: handgeschrieben oder gedruckt auf Papier, per E-Mail von anonymen ausländischen Servern aus, bis hin zu Textnachrichten auf dem Smartphone, deren Absender technisch nicht zurückverfolgt werden kann.

Briefe, wie im Fall der LithioNanoTec AG, sind immer auch Spurenträger und sollten deshalb sorgfältig kriminaltechnisch untersucht werden. Das Sichern von Fingerabdrücken, Faserspuren oder DNA-Anhaftungen sind klassische kriminalistische Ermittlungsansätze. Genau wie die Analyse des Papiers, des Schreibmittels, der Handschrift oder des Druckverfahrens. Das Sprachprofiling verfolgt einen neuen, einen anderen Ansatz.

Durch sprachwissenschaftliche Methoden können auch Täter überführt werden, die sich der klassischen Ermittlungsmethoden bewusst sind und deshalb absichtlich tarnen oder täuschen. Genauso wie jene, die aus der Anonymität des Internets heraus bedrohen, verleumden oder erpressen. Der Sprachprofiler hat einen großen Vorteil auf seiner Seite. Denn ein Täter, der sein Ziel erreichen will, muss immer eines tun: Er muss kommunizieren!

GIBT ES EINEN SPRACHLICHEN FINGER-ABDRUCK?

Sprache hat immer einen persönlichen Stil. Denn Sprache ist ein hochgradig schöpferischer Prozess. Bei der Wahl jedes einzelnen Wortes, jeder Einleitung, jeder Anrede, jeder Höflichkeitsform, jeder Zeitform, jeder Redewendung, jedes Satzzeichens, jeder Groß- und Kleinschreibung, jeder Aktiv- oder Passivkonstruktion, jeder Betonung und jeder Reihenfolge, jedes Haupt- und jedes Nebensatzes muss der Akteur Entscheidungen treffen.

Ein wesentlicher Aspekt des Sprachprofilings ist, dass wir unsere gesprochene Sprache, genau wie auch geschriebene Texte, zum größten Teil unbewusst bilden. Wir folgen dabei Mustern, die tief in uns verankert sind. Diese Muster entstehen, weil unsere Sprache von Anfang an durch unser soziales und kulturelles Umfeld geprägt wird. Beispielsweise durch unsere Eltern, die Familie, Freunde, Schule, den Beruf und nicht zuletzt durch unsere ganz individuellen persönlichen Interessen. Wir haben sie so verinnerlicht, dass wir sie nicht mehr bewusst wahrnehmen. Vielleicht haben auch Sie in Ihrem Umfeld Menschen, die bestimmte Formulierungen, wie zum Beispiel »nicht wirklich«, »dementsprechend« oder »echt jetzt?« so häufig verwenden, dass Sie sich fragen, ob ihnen diese Auffälligkeit überhaupt bewusst ist.

»Sie stehen kurz davor, den größten Fehler Ihrer bis dato so bilderbuchhaften ›Karriere‹ zu machen.« Allein diesen Satz hätte der Täter auf hundert verschiedene Arten und Weisen formulieren können. Hat er aber nicht. Er hat nicht formuliert: »Sie stehen kurz vor dem größten Fehler Ihres Lebens …«, er hat geschrieben »bis dato« und nicht »bis heute«, »bisher« oder »bislang«. Statt bei der Sache zu bleiben, hat er einen polemischen zweiten Halbsatz gewählt, und das Wort »Karriere« in Anführungszeichen gesetzt. Auch das hätte er nicht tun müssen. Aber ist unsere Sprache wirklich so einmalig wie unser Fingerabdruck?

Ein Fingerabdruck ist einmalig und unveränderbar. Der Kriminalist muss bei der Spurensicherung genau wissen, wo das Suchen Sinn macht. Während ein Laie auf der Tischplatte suchen würde, sucht ein Profi auch darunter. Genauso ist es bei der Textanalyse. Oft sind es die subtilen, auf den ersten Blick nicht sichtbaren Muster, die am Ende zum Täter führen. Der Kriminalist braucht für jede Oberfläche den richtigen Pinsel, das perfekte Pulver, die passende Folie und in schwierigen Fällen besonderes Licht oder Chemikalien. Beim Sichern hat er nur eine einzige Chance. Wenn er handwerklich einen winzigen Fehler macht, ist die Spur für immer verloren. Die Spuren, die der Sprachprofiler auswertet, sind robuster. Der »Tattext« ist dokumentiert, schwarz auf weiß, auf immer und ewig. Um Muster zu erkennen, brauchen wir kein Original. Uns genügt eine gute Kopie. So beginnt unsere Arbeit oft schon, während das Tatschreiben noch bei der Kriminaltechnik liegt.

Der »sprachliche Fingerabdruck« hat gegenüber den Papillarlinien der Haut einen weiteren großen Vorteil: Er kann sehr viel mehr über den Täter aussagen als ein klassischer Fingerabdruck. Texte lassen zum Beispiel oft Rückschlüsse auf die Anzahl der Autoren, absichtliche Verstellungen, Muttersprache, regionale Herkunft, Altersgruppe, Geschlecht, Bildungsgrad, Kultur, Sprachfertigkeit und unter günstigen Umständen sogar über die Ausbildung und den Beruf des Autors zu.

Der Sprachprofiler steht jedoch auch vor Herausforderungen, die der Kriminaltechniker bei der Spurensicherung nicht kennt. Fingerabdrücke sind im Wesentlichen unveränderlich. Sie können sich zwar durch Verletzungen, wie zum Beispiel Kratzer oder Schnitte, verändern, das Muster darunter bleibt jedoch erhalten. Die Schleifen, Bögen und Gabelungen, die unser Fingerabdruck schon im Kindesalter zeigt, wird er auch im hohen Alter noch aufweisen. Im Gegensatz zu den Mustern unserer Sprache. Der Textermittler weiß, dass Sprache stetigen Veränderungen unterliegt. Oder wenigstens unterliegen kann. Sprache passt sich an. Ein Leben lang. Auch sie wächst mit, aber sie verändert sich. Als Jugendliche haben wir anders gesprochen, als wir es heute tun. Eventuell sprechen wir im Job anders als zu Hause. Vielleicht sogar mit den Kollegen anders als mit unserem Chef. Per WhatsApp kommunizieren wir anders als im Geschäftsbrief. Die gute Nachricht ist, dass sich diese Anpassungen meistens nur in einem überschaubaren Rahmen bewegen. Und ab etwa dem fünfundzwanzigsten Lebensjahr ist unsere Sprache in der Regel relativ stabil. Dennoch müssen wir ihre grundsätzliche Anpassungsfähigkeit bei jeder Analyse berücksichtigen.

Noch komplexer wird es bei der Frage der Einmaligkeit. Dass es jeden Fingerabdruck tatsächlich nur ein einziges Mal auf der Welt gibt, ist eine Theorie. Zumindest die Wissenschaft geht davon aus. Selbst bei eineiigen Zwillingen wurden bislang ausschließlich unterschiedliche Fingerspuren festgestellt. Um die Frage der Einmaligkeit mit absoluter Sicherheit zu beantworten, müsste man jeden Fingerabdruck von jedem Menschen mit jedem Fingerabdruck von jedem anderen Menschen vergleichen. Weltweit. Und dann könnte man noch die größeren Primaten mit in den Abgleich nehmen. Nur um auf Nummer sicher zu gehen.

Dass jeder Mensch auf dieser Welt ein eigenes – und vor allem nachweisbares – Sprachprofil hat, das darf bezweifelt werden. Egal ob gesprochen oder geschrieben. Unsere Lebensleistung an Wort und Text ist schlicht nicht zu erfassen. Und dank der zwangsläufigen Veränderungen auch nicht in starre Muster zu packen. Deshalb gibt es auch bis heute kein Computerprogramm, kein System und keine Software, die Sprache auf dem Niveau eines halbwegs versierten Sprachprofilers auswerten kann. Keine künstliche Intelligenz dieser Welt ist in der Lage, sämtliche Dialekte, feinste Nuancen und die ständigen Veränderungen in der Sprache zu begreifen. Auch nicht bei den amerikanischen Geheimdiensten wie der CIA, die bereits Millionen von US-Dollar in entsprechende Forschung gepumpt haben. Sprache ist einfach zu vielschichtig. In der Mathematik gibt es für eine Aufgabe eventuell mehrere Lösungen. Aber jede einzelne dieser Lösungen ist dann logisch nachvollziehbar und zudem exakt bestimmbar. Für die deutsche Sprache gibt es Regeln. Viele verschiedene. Von den Regeln gibt es Ausnahmen und dann zusätzlich oft noch zahlreiche Sonderfälle ... Das eröffnet Chancen. Auch wenn man die Einzigartigkeit und Einmaligkeit grundsätzlich infrage stellen muss, können wir Texte oft dennoch ganz bestimmten Personen zuordnen. Besonders treffsicher sind wir immer dann, wenn nur ein überschaubarer Kreis an Personen als Schreiber infrage kommt. Beispielsweise, weil das anonyme Schreiben gewisse Informationen enthält, die nicht jeder wissen kann. Oder weil nur eine Handvoll Betroffene ein nachvollziehbares Motiv für einen anonymen Angriff hat.

Deshalb wäre der Begriff »sprachlicher Fingerabdruck«, wenn man ihn überhaupt verwenden möchte, eher als Metapher zu verstehen. Sprachprofiling ist eine hoch komplexe Angelegenheit. Wie man am Tatort einen Fingerabdruck sichert und dann in eine Analyse-Software einliest, lernt man, wenn es hart auf hart kommt, auch an einem halben Tag. Doch bis ein Sprachprofiler selbstständig einen anspruchsvollen Fall lösen kann, braucht es mindestens zwei Jahre Erfahrung, ein außerordentliches Talent für Sprache und Gespür für Grammatik. Eine solide Ausbildung vorausgesetzt.

AUTORENBESTIMMUNG & TÄTERPROFIL

Das Sprachprofiling erweitert alle herkömmlichen Ermittlungsansätze um zwei weitere, schlagkräftige Ansätze: Wenn es einen Kreis von möglichen Tätern gibt, vergleichen wir das anonyme Schreiben mit Textmaterial von jedem einzelnen der Verdächtigen. Wer von ihnen hat den anonymen Brief geschrieben? War es der Tatverdächtige A, B oder C? Und wie hoch ist die Wahrscheinlichkeit? Oder war es keiner von den dreien? Das ist die Hauptaufgabe der Sprachprofiler der Agentur für forensische Textanalyse. Dazu steht uns ein breites Spektrum an sprachwissenschaftlichem Sezierbesteck zur Verfügung. Mit jedem Fall, den wir hier gemeinsam bearbeiten, werden Sie eine weitere Facette unserer Arbeit kennenlernen.

Täterprofile bestimmen wir nur, wenn mögliche Verdächtige oder Vergleichstexte fehlen. Ausgehend von sprachlichen Merkmalen im Text versuchen wir dann, dem Täter ein Gesicht zu geben. Auf das Fallwissen drum herum achten wir dabei im ersten Schritt nicht. Was zählt, ist nur das Wort. Nicht der Inhalt! Wie könnte der Täter hinter dem Text aussehen? In welchem Alter könnte er sein? Aus welchem Umfeld könnte er stammen? Dabei versuchen wir aus dem Text Rückschlüsse zu ziehen, die auch die Anzahl der möglichen Verdächtigen eingrenzen soll. Das kann auf der Suche nach dem anonymen Angreifer eine wertvolle Hilfe sein.

Die große Herausforderung ist, dass 99,9 Prozent aller Formulierungen, Satzkonstruktionen oder Argumentationsstrukturen keine Rückschlüsse auf Alter, Geschlecht und Bildungsgrad des Urhebers zulassen. Das verbleibende 0,1 Prozent aber eben schon. Wenn etwa jemand in der persönlichen Anrede das Wort »Du« groß schreibt, ist das ein Indiz dafür, dass der Autor schon etwas älter sein könnte. An die vierzig Jahre oder darüber. Denn sein Spracherwerb lag mit einer gewissen Wahrscheinlichkeit deutlich vor der Rechtschreibreform 1996. Das wäre eine der einfachsten Übungen, wobei auch dieses Indiz durch weitere Befunde abgesichert werden müsste. So simpel bleibt es aber natürlich nicht. Deshalb kommen bei der Erstellung von Täterprofilen Datenbanken zum Einsatz, die Sprache und Wortschatz fortlaufend wissenschaftlich dokumentieren.

Hier ein kleines Beispiel auf »Alltagsniveau« heruntergebrochen: Stellen Sie sich vor, Sie sind heute fünfundzwanzig Jahre alt. Dann wundern Sie sich vielleicht, dass ich die Leser in diesem Buch sieze. Und es kämen Ihnen Worte wie Fotoapparat, SMS oder CD fremd vor. Sie wären von Ihnen und Ihrer Generation so weit entfernt wie im Alphabet das A vom Z. Wenn Sie heute fünfunddreißig oder fünfundvierzig Jahre alt sind, werden Sie nicht darüber stolpern. Jede Zeit hat ihre Sprache. Sprache enthält immer Spuren aus der Vergangenheit und diese lassen sich zurückverfolgen! Was durch Profiling realistisch möglich ist und wo die Grenzen liegen, auch dazu werden wir noch kommen.

TÄTER, DIE IM TEXT BEWUSST TARNEN UND TÄUSCHEN

In der praktischen Fallarbeit haben wir es auch mit Tätern zu tun, die ihre Sprache absichtlich verstellen. So wird beispielsweise gern versucht, durch gebrochenes Deutsch und bewusst eingebaute Fehler einen ausländischen Ursprung vorzutäuschen. Oder es werden falsche Fährten gelegt. Dazu werden Sie noch zwei besonders spannende Fälle lesen.

Häufig wird – wie auch im Erpressungsschreiben an die LithioNanoTec – die »Wir-Form« verwendet, durch die Einzeltäter versuchen, ihre Spuren zu verschleiern oder ihrer Aussage mehr Gewicht zu geben. Das ist in der Praxis sogar der häufigste Täuschungsversuch. Gleichzeitig auch der schlechteste. Grundsätzlich gilt: Ein Täter kann nur verstellen, was ihm auch bewusst ist! Und da Sprache eben zu einem sehr hohen Anteil unbewusst abläuft, bleiben in der Regel am Ende dann doch genug sprachliche Spuren übrig, um die Täterschaft zu beweisen.

Wenn ein Täter versucht zu tarnen oder zu täuschen, ist das Praktische, dass er das in der Regel nur auf einer Ebene tut. Weil ihm alle anderen nicht bewusst sind. Beispielsweise wählt er andere als für ihn übliche Formulierungen oder gestaltet seine Schreiben optisch anders, als er es für gewöhnlich tut. Setzt Anschrift, Datum, Betreff, Absätze oder Absenderangaben entgegen seiner üblichen Gepflogenheiten oder verzichtet ganz darauf. Wir untersuchen aber jeden Text auf mehreren Ebenen. Das heißt, in der Praxis bleibt immer etwas übrig, was uns weiter in Richtung Wahrheit bringt. Außerdem hat die Erfahrung gezeigt, dass Verstellungsversuche nicht durchgängig durchgehalten werden. Irgendwann fällt der Täter immer aus dem Muster. Und spätestens, wenn es um die Forderung geht, wird sein Deutsch dann wieder besser. Ganz einfach, weil er verstanden werden will. Dazu kommt, dass Verstellung nur in eine Richtung möglich ist: Der Täter kann sich schon mal nicht schlauer stellen, als er ist. Die Vorteile sind auf der Seite der Sprachprofiler. Ob ein Nachweis geführt werden kann oder nicht, ist am Ende oft nur eine Frage der zur Verfügung stehenden Textmenge. Je mehr Tattext und je mehr Vergleichstext, desto besser für unsere Ermittlungen.

WIE SPRACHPROFILER KLARHEIT SCHAFFEN

Der Begriff »Forensische Linguistik« taucht erstmals 1968 auf, in der Veröffentlichung *A case for forensic linguistics* von Jan Svartvik. Darin beschreibt er den Einsatz linguistischer Methoden, um den Fall eines Serienmörders zu untersuchen. Wichtige Publikationen im deutschsprachigen Bereich folgen dann ab den 1980er-Jahren. Beispielsweise, 1981, *Der Linguist als Gutachter bei Gericht* von Hannes Kniffka. Kniffka hat bereits in den Siebzigerjahren an der Universität Köln linguistische Gutachten erstellt und gilt als Gründer

der Forensischen Linguistik im deutschsprachigen Raum. Bei der Textanalyse wird heute noch nach den sprachwissenschaftlichen Grundsätzen gearbeitet, die er entwickelt und etabliert hat.

Der wichtigste Ausgangspunkt jeder Analyse ist immer das anonyme Schreiben. Dieses zerlegen wir in seine sprachlichen Einzelteile. Wie ein Arzt bei der Anamnese erheben wir einen Befund. Wir beschreiben den Text. Aus welchen Mustern er sich zusammensetzt. Wir sezieren jedes Detail. Buchstabe für Buchstabe, Wort für Wort, Satz für Satz, Zeichen für Zeichen, Punkt für Punkt. So schlüsseln wir Sprachmuster auf und machen diese nachvollziehbar. Dabei setzen wir auch Software ein, die uns hilft, unsere »manuellen« Analysen zu objektivieren. Aber unter dem Strich bleibt Sprachprofiling Handarbeit. Oder besser gesagt: Hirnarbeit. Bis die künstliche Intelligenz so weit ist, ist der menschliche Auswerter unverzichtbar. Und vermutlich wird er es auch danach so bleiben. Weil unsere Sprache vielschichtig und komplex ist, tun sich Maschinen schwer, sie zu erfassen. Das erkennen wir jeden Tag schon allein daran, wie oft uns die Autokorrektur unseres Smartphones korrigieren möchte, und damit einiges eher komplizierter macht als besser. Auch wenn es Regeln für jede Sprache gibt, sind diese am Ende nichts anderes, als von Menschen unternommene Versuche, Sprache zu verstehen. Aber Sprache bleibt wandelbar und sehr individuell.

Bei unserer Analyse wird dann jeder Befund ausführlich dokumentiert, erklärt und so nachvollziehbar gemacht. Deshalb sind unsere Gutachten schnell mal mehrere hundert Seiten lang. Wie ist der anonyme Brief aufgebaut? Welche Gestaltungselemente kommen vor? Wie sieht die Textgliederung aus? Wie sehen Adressen, Anreden, Datumsangaben und Abschlussgruß aus? Wo werden die Regeln der Rechtschreibung befolgt, wo dagegen verstoßen? Gibt es Auffälligkeiten bei der Zeichensetzung? Wird die Grammatik richtig angewendet? Zum Beispiel bei der Zeitform? Oder bei der

Anpassung von Nomen an den richtigen Fall? Arbeitet der Autor mit Einschüben? Wie komplex ist sein Satzbau? Wie tief ist der Wortschatz? Wie der Einsatz von Nebensätzen? Können Rückschlüsse auf die dominante Grundmotivation des Autors gezogen werden? Oder auf seinen bevorzugten Wahrnehmungskanal? All das sind Fragen, die es zu beantworten gilt. Sehr vereinfacht ausgedrückt, wird jedes Wort und jedes Zeichen aus dem anonymen Tatschreiben mit jedem Wort und jedem Zeichen aus den Vergleichstexten abgeglichen. Am Ende haben wir jede Seite mindestens fünfzig oder sechzig Mal gelesen. Wenn dann in einem der Vergleichstexte dieselben Muster auftauchen wie im anonymen Text, dann haben wir unseren Täter.

ERST ENTLASTEN, DANN BELASTEN

Bei unseren Analysen suchen wir nach Gemeinsamkeiten und Unterschieden. Genau genommen zuerst nach Unterschieden und dann erst nach Gemeinsamkeiten. Denn im deutschen Straf- und Strafprozessrecht gilt grundsätzlich die Unschuldsvermutung. In dubio pro reo. Im Zweifel für den Angeklagten. So lange, bis das Gegenteil bewiesen ist. Darum auch unser Credo: Erst entlasten, dann belasten! Sonst könnte uns auch unser Unbewusstsein einen Streich spielen. Denn unser Gehirn ist so gebaut, dass es immer nach Bestätigungen für seine eigenen Überzeugungen sucht (im Kapitel 3 werden Sie einen interessanten Versuch zu diesem Thema finden). Wenn ich davon ausgehe, dass der Verdächtige sicher der Täter sein muss, dann nehme ich die belastenden Merkmale deutlicher wahr, die entlastenden Merkmale weniger. Und das darf nicht sein. Um mit der gebotenen Objektivität vorzugehen, prüfen wir deshalb im ersten Schritt immer, ob der Verdächtige als Täter auszuschließen ist. Und das passiert in der Praxis gar nicht so selten. Am häufigsten dann, wenn unser Auftraggeber am wenigsten damit gerechnet hat.

GEMEINSAMKEITEN & UNTERSCHIEDE

Wenn man Texte mit Texten vergleicht, findet man immer gewisse Gemeinsamkeiten. Und seien es nur Wörter wie »der«, »die«, »das« und »oder«. Aber auf solche Allgemeinplätze kommt es beim Sprachprofiling in der Regel nicht an. Auch gewisse Unterschiede finden sich immer. Wenn im Tatschreiben formuliert ist »… dann bringe ich dich um!«, werden Sie in den Vergleichstexten vermutlich lange nach einer entsprechenden Fundstelle suchen. Aber auch dieser Unterschied spielt kaum eine Rolle. Denn die Kunst ist es, Muster zu identifizieren, die eine wirkliche Aussagekraft haben, weil sie signifikant und besonders typisch für den Täter sind. Und noch wichtiger: weil sie systematisch vorkommen. Also regelmäßig. Und im besten Fall ausnahmslos.

MUSTER ERKENNEN, AUF DIE KEIN MENSCH ACHTET

Erst wenn wir einen möglichen Verdächtigen nicht als Autor ausschließen können, dann erfolgt die Belastungsprozedur. Also die Suche nach Gemeinsamkeiten. Gemeinsamkeiten zwischen Tattext und Vergleichstexten. Der eine verwendet zum Beispiel, genau wie der anonyme Täter im Fall Rötgen, regelmäßig Formulierungen wie »bis dato«, während der andere im selben Kontext eher Synonyme wie »bislang«, »bisher« oder »bis heute« nutzt. Oder der eine wählt regelmäßig Konstruktionen mit »seit«, der andere mit »seitdem«. Der eine mit »stets«, der andere mit »immer«. Genauso ist es mit darum/daher/deshalb/deswegen, warum/weshalb/wieso, da/weil, bereits/schon, dies/das, selber/selbst, ebenso/ebenfalls und mit Tausenden anderen. Solche Auffälligkeiten können sich nicht nur durch Texte ziehen, sondern mitunter sogar durch ein ganzes Leben. Wenn der Sprachprofiler in der Lage ist, vier bis fünf solcher Muster zu erkennen, entsteht so langsam ein Bild. Wobei der Abgleich der Wortwahl nur die einfachste von mehreren sprachlichen Ebenen ist.

SIGNIFIKANT & SYSTEMATISCH

Analysiert wird dann bis tief in die Feinheiten der Grammatik von Haupt- und Nebensätzen. Grundsätzlich suchen wir dabei Normabweichungen vom Standard-Deutschen. Systematisch auftauchende Fehler haben die höchste Aussagekraft. Natürlich muss auch hier genau differenziert werden. Versehentliche Fehler und Flüchtigkeitsfehler interessieren nur wenig. Auch Fehler bei der Kommasetzung oder bei der Wahl von scharfem oder doppeltem S sind so verbreitet, dass die Aussagekraft eher gering ist. Wenn jemand das Wort »nämlich« mit h schreibt, wird es schon spannender. Vor allem, wenn er es immer tut. Beispiele werden Sie in diesem Buch in Hülle und Fülle finden. Dabei kommt es auf die Kombination vieler einzelner Merkmale an. Nur so entsteht ein Muster. Entscheidend ist, ob diese Fehler Einzelfälle sind oder ob sie regelmäßig auftauchen. Für den Sprachprofiler ist am interessantesten, was signifikant ist, typisch für den anonymen Autor, und was systematisch vorkommt.

Natürlich geht es nicht nur um Rechtschreibung. Auch andere Auffälligkeiten, die aus sprachwissenschaftlicher Sicht keine Fehler darstellen, können zum Täter führen. Je höher der Abweichungsgrad gegenüber dem allgemeinen Sprachgebrauch, desto höher ist die Aussagekraft. In keinem Fall darf der Sprachprofiler von sich ausgehen und sich selbst zum Maßstab machen. Für die Frage, was allgemeiner Sprachgebrauch ist und was nicht. Was normal ist oder auffällig. Auch hier hilft ein Blick in die Datenbanken.

PRAKTISCHES VORGEHEN BEI DEN ERMITTLUNGEN

Zurück zum Fall: Bei der LithioNanoTec AG war der erste Kreis der infrage kommenden Verdächtigen überschaubar. Das dem Erpressungsschreiben beigefügte interne Dokument lag in einer Version vor, auf die lediglich fünf Personen aus dem Management sowie drei Mitarbeiter aus der IT-Abteilung Zugriff gehabt haben konnten. Von diesem Personenkreis wurden Vergleichstexte beschafft. Das Erpressungsschreiben selbst bot keine weiteren Interna, über die der Kreis der möglichen Täter hätte noch weiter eingegrenzt werden können. Auch Schreibkräfte und Assistenten von Führungskräften konnten ausgeschlossen werden.

Die LithioNanoTec AG hatte sich für Ermittlungen mit offenem Visier entschieden. Um alle zu Unrecht in Verdacht geratenen Führungskräfte und Mitarbeiter schnell zu entlasten, wurde von allen das Einverständnis für den Abgleich aktueller Textdokumente mit dem Tatschreiben eingeholt. Durch die gezielte Suche nach entlastenden Merkmalen konnten sechs der acht Personen sofort mit sehr großer Wahrscheinlichkeit ausgeschlossen werden. Bei den beiden verbleibenden wurden aufwändigere Analysen gefahren. Dadurch konnte sehr schnell ein weiterer Mitarbeiter vom Verdacht befreit werden. Der andere blieb im Raster hängen.

DIE TREFFSICHERHEIT DER SPRACHPROFILER

Im Optimalfall wird der Befund einer sprachwissenschaftlichen Textanalyse zusätzlich durch andere, unabhängige Beweismittel gestützt. In den letzten Jahrzehnten gab es jedoch auch regelmäßig rechtskräftige Urteile, bei denen die Sprachanalyse das einzige Beweismittel war und die volle Beweislast getragen hat. Unter anderem bei Urteilen von Arbeits-, Amts- und Landesgerichten, aber auch bei Oberlandesgerichten. Ergebnisse, die von einer 99,999-Prozent-Wahrscheinlichkeit sprechen, wie bei der Analyse von Fingerabdrücken oder DNA, sind im Bereich der Sprachanalyse nicht möglich. Unter günstigen Umständen ermöglicht die Sprachanalyse aber dennoch eine sehr hohe Genauigkeit bei der Zuordnung. Eine

Aussage zur Wahrscheinlichkeit ist Teil jedes Gutachtens. Sollte eine verdächtige Person als Täter infrage kommen, bestimmen wir den Grad der Wahrscheinlichkeit: Die Identität des Urhebers ist wahrscheinlich, mit hoher Wahrscheinlichkeit, mit sehr hoher Wahrscheinlichkeit oder mit an Sicherheit grenzender Wahrscheinlichkeit anzunehmen. Oder auszuschließen. In extrem ungünstig gelagerten Fällen kommt es auch vor, dass ein Befund nicht möglich ist. Aber das ist eher die Ausnahme als die Regel.

BEWEISFÜHRUNG MIT BUCHSTABEN

Ralf Rötgen hatte für drei der Mitglieder seiner Geschäftsleitung die Hand ins Feuer gelegt. Zu den anderen beiden hatte er in dieser Angelegenheit »kein Gefühl«. Sein erster Verdacht ging auch eher in Richtung der IT-Abteilung. Dort vermutete er das Leck. Die Beweisführung der Forensischen Textanalyse überraschte ihn umso mehr: Als Autor des anonymen Schreibens konnte einer seiner Bereichsleiter identifiziert werden. Ein alter Wegbegleiter, ein eigentlich sehr verdienter Mann, der im Unternehmen eine steile Karriere hingelegt hatte. In den letzten Jahren war er ruhiger geworden. Zuletzt hatte er mehr verwaltet als gestaltet. Ralf Rötgen war seit Längerem aufgefallen, dass der Kollege sich zu aktuellen unternehmerischen Themen nicht mehr so klar positioniert und geäußert hatte. Dennoch war er davon ausgegangen, dass er als gehobene Führungskraft die Unternehmensstrategie mitträgt.

Der Bereichsleiter, der sonst flüssige, grammatikalisch ausgereifte Schriftsätze in einem gehobenen Deutsch verfasste, hatte im anonymen Schreiben seine Sprache absichtlich verstellt. Neben der für anonyme Schreiben typischen Wir-Form hatte er beispielsweise, abweichend von seinem üblichen Stil, besonders häufig einzelne Wörter in Anführungszeichen gesetzt und stellenweise für ihn unübliche Formulierungen verwendet. Anhand von sechsundzwanzig (!), teilweise sehr starken Hinweisen ergab sich dennoch ein erdrückendes Bild. Im Fachjargon: Bewertungsstufe +3. Seine Urheberschaft ist mit sehr hoher Wahrscheinlichkeit anzunehmen. Beispielhaft finden Sie hier fünf der Merkmale, in verkürzter Form dargestellt:

- **Verstärkung von Komparativen durch Voranstellung des Adverbs »immer«.** Im Tatschreiben zum Beispiel: »Dadurch wird unsere Lage nicht besser, sondern immer ernster.« Die Vergleichstexte zeigen, dass auch der Bereichsleiter diese Verstärkung regelmäßig verwendet, zum Beispiel »immer schöner«, »immer schlimmer«, »immer schneller«, »immer besser«.
- **Adverb »sonst« zur Einleitung einer Drohung im nachgestellten Nebensatz.** Im Tatschreiben zum Beispiel: »Geben Sie Ihre diesbezüglichen Pläne besser auf, sonst sehen wir uns gezwungen …« Die Vergleichstexte zeigen, dass auch der Bereichsleiter entsprechende Konstruktionen systematisch verwendet, zum Beispiel: »Bitte behandeln Sie dieses Angebot vertraulich, sonst müssen wir es zurückziehen.« Verworfen werden gleichwertige Optionen wie »ansonsten«, »andernfalls« oder Konstruktionen mit »Falls …«, »Wenn …«, »Sofern nicht …«.
- **Regelmäßige Verwendung der Präpositionalphrase »in Kürze«.** Im Tatschreiben zum Beispiel: »Sie stehen kurz davor …«, »… in Kürze der Belegschaft zugänglich zu machen …«. Die Vergleichstexte zeigen, dass auch der Bereichsleiter regelmäßig die Präpositionalphrase »in Kürze« verwendet, zum Beispiel: »… in Kürze unter vier Augen sprechen«, »in Kürze durchliest«, »erzähle ich es dir in Kürze am Telefon«. Synonyme wie »(als)bald«, »sogleich«,

»zeitnah«, »zeitig(st)«, »frühzeitig«, »schnell«, »umgehend«, »demnächst« oder Ähnliches verwendet er kaum.

- **Nie Leertaste/Abstand vor Fortsetzungszeichen »...«, also »xxx...«, statt »xxx_...«.** Im Tatschreiben zum Beispiel: »der strahlende Saubermann...«, »Damit ist dann wohl alles gesagt...«. Ist nicht das Wort selbst verkürzt wiedergegeben, gehört vor und nach jedes Auslassungszeichen ein Leerzeichen. Die Vergleichstexte zeigen, dass auch der Bereichsleiter an entsprechenden Stellen niemals das Leerzeichen vor Fortsetzungszeichen setzt, zum Beispiel bei »wird sich dann zeigen...«.
- **Häufige Verwendung bildhafter Begriffe und Redewendungen.** Das Tatschreiben ist voller bildhafter Begriffe, zum Beispiel: »... bilderbuchhaften ›Karriere‹ ...«, »... eine Spielwiese ... schaffen ...«, »... die Braut hübsch gemacht ...«, »... der strahlende Saubermann ...«, »Das Wasser steht uns bis zum Hals«. Die Vergleichstexte zeigen, dass auch der Bereichsleiter besonders häufig bildhafte Begriffe und Redewendungen verwendet, zum Beispiel »den Karren aus dem Dreck ziehen ...«, »Sturm im Wasserglas ...«.

Wenn Sie sich jetzt fragen, ob es das schon gewesen sein soll, lautet die Antwort selbstverständlich nein. Mit einer Handvoll solcher Merkmale ist noch kein Täter überführt. Aber in etwa so beginnt die Beweisführung oft. Wer hofft, in anonymen Schreiben auf den ersten Blick eine Kombination aus ungewöhnlichen Fehlern und sich aufdrängender Besonderheiten zu finden, der wird enttäuscht. Dieser beispielhafte Auszug zeigt fünf unterschiedliche Merkmale auf fünf unterschiedlichen Analyseebenen. Von der einfachen Wortwahl, über die Zeichensetzung bis hin zur Sprachpsychologie. In Summe gab es sechsundzwanzig Auffälligkeiten, die sowohl im anonymen Schreiben als auch in den Vergleichstexten des Bereichsleiters vorkamen. Oft finden wir dreißig Merkmale und mehr. Die große Kunst ist es, die Merkmale so herauszuarbeiten, dass auch jemand, der sich nicht jeden Tag mit Sprachprofiling, Linguistik und Forensischer Textanalyse beschäftigt, trotzdem ein klares Bild bekommt. Nur so haben unsere Auftraggeber, deren Krisenstäbe und letztendlich dann auch der Richter die Bewertungsgrundlage, die sie brauchen, um ihre eigenen Entscheidungen richtig zu treffen.

Der Bereichsleiter wurde in einem Sechs-Augen-Gespräch mit den Befunden und dem erdrückenden Ergebnis der Analyse konfrontiert. Nach vierzig Minuten brach er ein und gestand, den anonymen Brief geschrieben und am Flughafen München in den Briefkasten geworfen zu haben. Bei ihm waren zwei Motive zusammengekommen. Frustration über die aktuelle Situation, aber auch verletzte Eitelkeit nach einer Auseinandersetzung. Seine Verletzung hatte so tiefe Wunden hinterlassen, dass er das Schreiben zwar eingestand, jedoch keine Reue zeigte. Aber offensichtlich war er ein guter Verhandler. Denn statt einer Kündigung konnte er in der Woche darauf einen Aufhebungsvertrag unterschreiben. Das unschöne Ende einer jahrelangen Zusammenarbeit.

Der anonyme Täter ist identifiziert und überführt, der Einsatz der Text-Task-Force damit erfolgreich beendet. Der große Gewinn für Ralf Rötgen war, dass er sensible Themen nun wieder mit seinen Sparringspartnern diskutieren konnte. »Im Grunde bin ich erleichtert, dass nur er es war. Jedes andere Szenario wäre schlimmer gewesen«, war sein Resümee.

»Verstellung funktioniert nur in eine Richtung: Der Täter kann sich nicht schlauer stellen, als er ist.«

Patrick Rottler

KRÜMELMONSTERS KEKSKLAU

Ein echter Krimi: Ein Erpresserbrief aus aufgeklebten Zeitungsbuchstaben sorgt weltweit für Aufsehen.

Original »Erpresserbrief«, der weltweit Aufsehen erregte: Das Krümelmonster fordert Leibniz-Kekse vom Backwarenhersteller Bahlsen.

Wer an anonyme Erpresserschreiben denkt, hat sofort das klassische Bild vor Augen: Aus Zeitschriften und Magazinen ausgeschnittene bunte Buchstaben, die dann fein säuberlich auf ein weißes Blatt Papier geklebt und am Tatort abgelegt werden oder im Kuvert ohne Absender per Post ins Haus flattern. Solche Zeitungsschnipseltexte hat es in Wirklichkeit fast nie gegeben. Auch früher nicht, wie oft angenommen wird. Sie sind weder die Urform aller anonymen Briefe noch der absolute Klassiker. Bei diesen bunten Bastelarbeiten handelt es sich in erster Linie um eine Erfindung des Fernsehens. Mit diesem Bild kann dem Zuschauer, dem offensichtlich nicht besonders viel zugetraut wird, auf den ersten Blick vermittelt werden: Es handelt sich hier um einen anonymen Brief!

Anonyme Täter, die nicht durch ihre Handschrift erkannt und überführt werden wollten, haben es sich immer schon so einfach wie möglich gemacht. Sie haben versucht, ihre Schrift zu verstellen, mit Schreibschablonen gearbeitet oder sind das Risiko eingegangen, einem Vertrauten zu diktieren. Ausschneiden und Aufkleben war von Anfang an zu aufwändig. Als es dann Schreibmaschinen gab, wurde alles noch einfacher. Und spätestens seit jeder zu Hause seinen Computer samt Drucker stehen hat, sind alle Hemmungen gefallen. Ganz zu schweigen von den Auswüchsen aktuell im Internet. Bequemer als heutzutage waren anonyme Angriffe noch nie zu starten.

Natürlich sind derartige Erpresserbriefe in der Vergangenheit tatsächlich schon vorgekommen. Aber sie sind die absolute Ausnahme. Als Sprachprofiler würden wir in so einem Fall noch zwei oder drei andere Parameter prüfen und müssten dann mit hoher Wahrscheinlichkeit zu dem Schluss kommen, dass der Täter seine Bildung aus dem Kinderfernsehen hat. Seinen IQ würden wir dann auf Höhe der Zimmertemperatur einschätzen und lägen damit vermutlich sogar einigermaßen richtig.

In einem Fall, den ich damals im Rahmen meiner Ausbildung analysieren durfte, hat der Erpresser seine Forderung oben sehr schön mit Zeitungsschnipselbuchstaben aufgeklebt und unten dann handschriftlich ergänzt … Thema verfehlt, System nicht verstanden, Note sechs, setzen, durchgefallen! Zumindest zeigt dieser Fall, dass Zeitungsschnipseltexte und geringer Bildungsgrad in den wenigen bekannten Fällen sehr gut in Relation zu bringen sind.

Anders war das im Fall des wohl prominentesten Zeitungsschnipsel-Buchstaben-Erpresserbriefes. Über diesen Fall wurde rund um den Erdball medial berichtet. Betroffen war der Backwarenhersteller Bahlsen, ein sehr erfolgreiches deutsches Familienunternehmen, weltweit vertreten und besonders bekannt für seine legendären Leibniz-Butterkekse. Die Forderung: Kekse. Der Täter, man lese und staune: Das Krümelmonster!

Dieser Fall ist übrigens der einzige in diesem Buch, der nicht über unseren Schreibtisch gelaufen ist. Es ist auch der einzige, der bis heute nicht geklärt ist. Und trotzdem gab es auch hier am Schluss ein Happy End. Über diesen außergewöhnlichen Fall möchte ich dennoch berichten, da er ein sehr gutes Lehrstück abgibt und ich hier die sonst gebotene Rücksichtnahme auf unsere Auftraggeber etwas vernachlässigen kann.

Am Hauptsitz des Keksherstellers Bahlsen wird ein vergoldeter, etwa zwanzig Kilogramm schwerer Messingkeks gestohlen. Wie das Zunftzeichen eines traditionellen Handwerksbetriebes hing der Keks über einhundert Jahre lang als Wahrzeichen an der Fassade des Unternehmens. In beachtlichen fünf Metern Höhe. Doch eines Tages eben nicht mehr …

Noch während die Polizei wegen Diebstahls ermittelt, meldet sich das »Krümelmonster« mit einem Erpresserschreiben zu Wort. Die Forderung war so außergewöhnlich wie das Verbrechen selbst. Bahlsen soll Kekse an ein Krankenhaus und die ausgesetzte Belohnung an ein Tierheim spenden. Danach würde man sich mit den

Koordinaten des Kekses melden. Andernfalls lande der Keks »bei Oskar in der Mülltonne«. Die Sache sei ernst. Dem Zeitungsschnipsel-Buchstabenbrief beigefügt war ein Foto, auf dem eine Person in einem blauen Krümelmonster-Kostüm in den geklauten Leibniz-Keks beißt. Der Brief ging zeitgleich an Bahlsen und an die Hannoversche Allgemeine Zeitung. So war von Anfang an für maximale mediale Aufmerksamkeit gesorgt. Bahlsen reagiert schulbuchmäßig: Auf die Forderung von Erpressern wird nicht eingegangen! Aus Prinzip nicht! Das würde Tür und Tor für Trittbrettfahrer und Nachahmer öffnen. »Wir lassen uns nicht erpressen!«, ist die deutliche Antwort von Unternehmens-Chef Werner Bahlsen. Doch dann geht er einen Schritt auf die Erpresser zu. Er stellt eine Spende von 52.000 Packungen Leibniz-Keksen an zweiundfünfzig verschiedene soziale Einrichtungen in Aussicht, sollte der Keks wohlbehalten zurückgegeben werden.

Zwischenzeitlich ist der Fall medial einmal um die ganze Welt gegangen. Besonders in den USA, dem Heimatland der Sesamstraße, des Krümelmonsters und auch Oskars, berichten die Sender. Teilweise sogar in den Hauptnachrichten. Auch die sozialen Netzwerke laufen heiß: »Krümelmonster verbreitet Terror in Hannover«, »Vorsicht, der Täter ist bewaffelt!«. Über den Twitter-Account der amerikanischen Sesamstraße meldet sich das »echte« Krümelmonster zu Wort: »Me no steal the golden cookie. But me willing to help find real cookie thief!« (»Ich habe den goldenen Keks nicht gestohlen. Aber ich werde helfen, den wahren Keksdieb zu finden!«).

Wochen später taucht der gestohlene Keks dann so unvermittelt wieder auf, wie er verschwunden war. Direkt vor der Leibniz Universität in Hannover. Er hängt an einer roten Schleife um den Hals der Statue des Niedersachsenrosses, direkt vor dem Hauptgebäude der Hochschule. Es ist tatsächlich das vermisste Original.

Wieder schickt das Krümelmonster ein Bekennerschreiben samt Beweisfoto. Bahlsen solle die versprochene Spende nicht vergessen.

Die Staatsanwaltschaft ermittelt nicht mehr wegen Erpressung und Diebstahls, weil der Keks ohne vorherige Gegenleistung zurückgegeben wurde. Später wird das Verfahren ganz eingestellt, weil der Täter nicht ermittelt werden konnte.

Den Verkaufszahlen hat diese spektakuläre Aktion nicht geschadet. Im Gegenteil. Die Berichterstattung rund um Bahlsen, Leibniz und das Krümelmonster soll einen Gegenwert von geschätzten 1,7 Millionen Euro gehabt haben. Bahlsen dementiert mehrfach Spekulationen, dass es sich beim Keksdiebstahl um eine eigene Guerilla-PR-Aktion gehandelt haben könnte. Der goldene Keks hängt nun wieder an seinem gewohnten Ort. Überwacht von einer Videokamera. Offensichtlich hofft Bahlsen, dass der nächste Keksdieb nicht wieder im Ganzkörperkostüm kommt …

Die Aufmerksamkeit, die dieser fernsehreife Sesamstraßen-Coup mit sich gebracht hat, war überwältigend. Der Keks ist zurück, die Wogen haben sich geglättet. Sogar Werner Bahlsen, der sich zunächst sehr über den Diebstahl geärgert hatte, ist mittlerweile besänftigt. »Bahlsen hat es auch nicht geschadet – das soll aber keinen Anreiz zur Nachahmung geben«, sagt er, nachdem einige Zeit vergangen ist. Ende gut, alles gut, könnte man sagen?

null Kekse

ich habe den keks! ihr wollt ihn haben. und DesWegen wollt ihr an einem Tag im Februar Allen Kindern im Krankenhaus BulT Kekse schenken. Aber die mit VollMilch. nicht Die Mit schwarzer schokolade und nicht die ohne Schokolade und einen goldenen Keks für die KinderKREBSStation. SONST geht Das Nicht! Und dazu wollt ihr die 1000 Euro Belohnung an das tierheim in LANGENHAGEN Spenden. Also hoffentlich habt n Den keks so Lieb WIE ich und Wollt desHAlb Wirklich GroßZügig Sein! Echt und Das ist ernSt! Sonst kommt der zu oskAr in die Mülltonne Wirklich!!! Wenn ihr das alles gemac Habt schreibe ICH wieder einen Brief DA STEht Dann DRIN WO der Keks ist
krümelMonster

Abschrift des originalen Erpresserbriefes des »Krümelmonsters« an Bahlsen, Fehler wurden übernommen.

Was sagt dieser Brief über seinen Schreiber aus? Ob die ganze Aktion von A bis Z geplant und durchinszeniert war, ist keineswegs gesagt. Theoretisch könnte der Täter die Bronze zunächst mit einer anderen Absicht abmontiert und fortgeschafft haben. Die Hoffnung auf einen wirklichen Wert, eine satte Schicht Gold oder Lösegeld. Es könnte aber auch nur ein spontaner Streich von Halbstarken gewesen sein. Eine Mutprobe? Eine verlorene Wette? Vielleicht aus einer Bierlaune heraus? Das Konzept rund um das Krümelmonster könnte sich auch erst danach ergeben haben.

Sehr wahrscheinlich ist, dass der Täter regionale Bezüge nach Hannover hat. Das zeigen unter anderem die Auswahl der Beute, der begünstigten Klinik, des Tierheimes sowie der spätere Ablageort des Kekses. Vieles spricht für einen Streich von Studenten. Die »Rückgabe« des Kekses direkt vor der Universität, die insgesamt doch eher geringe kriminelle Energie. Kein eigener materieller Vorteil, sondern eine fast schon symbolische Forderung zugunsten wohltätiger Zwecke. Die eindeutige Erlebnisorientierung, die Spende sollte noch im Februar, also sehr zeitnah erfolgen. Man wollte nicht lange warten. Auch das wiederholte Anschreiben von Bahlsen und der Presse, nachdem der Keks übergeben war, wäre nicht mehr notwendig gewesen. Es ging um das Überschreiten einer dünnen roten Linie, das Ausloten von Grenzen, vor allem aber um das Erlebnis. Spannung, Spiel und Spaß standen hier sehr deutlich im Vordergrund. Die unterwegs begangenen Straftaten wurden von den Tätern als unbedeutend betrachtet. Auf jeden Fall als zu geringfügig, um einen ernsthaften Gedanken daran zu verschwenden. Geschweige denn den Keks Keks sein zu lassen. Die Aktion wurde eher vergleichbar der Tradition des Maibaumklauens gesehen, bei der die Dorfjugend jedes Jahr Ende April versucht, den Maibaum der Nachbargemeinde zu »entführen«, um ihn am Ende gegen eine Brotzeit und ein paar Kästen Bier auslösen zu lassen. Ein Überraschungsei aus einem Tante-Emma-Laden zu stehlen, hätte bei den Tätern vermutlich größere Gewissensbisse ausgelöst.

All diese Überlegungen und Hypothesen haben mit Sprachprofiling übrigens wenig zu tun. Das sind ganz klassische Fragen, die sich jeder Ermittler stellt. Auf der Suche nach dem Täter ist das Erkennen von Widersprüchen und Zusammenhängen das A und O. Nur so können Aufklärungsansätze gefunden werden. Dabei können drei klassische Fragen helfen: Was hat der Täter am Tatort zurückgelassen? Was hat er entfernt? Und was hat er dort verändert? Und dann die Frage für Fortgeschrittene: Was hat der Täter getan, das er nicht hätte tun müssen?

Für Polizei und Staatsanwaltschaft ist das anonyme Schreiben ein wichtiges Beweismittel. Und mit etwas Glück auch ein wertvoller Spurenträger. Gesucht wird nicht nur nach Fingerabdrücken, Faserspuren, Haaren, Hautschuppen, DNA und Speichelspuren an Briefmarke und Verschluss des Kuverts. Die Kriminaltechnik bietet ein ganzes Arsenal an weiteren Wunderwaffen. Briefbogen, Kuvert und Tinte können auf ihre Zusammensetzung und Herkunft überprüft werden. Oft hinterlassen Drucker und sogar Fotokopiergeräte unsichtbar Spuren auf dem Papier, die mehr verraten, als jedem Täter recht sein könnte.

Das Krümelmonster müsste sogar damit rechnen, dass die Ermittler am Ende ganz genau nachvollziehen können, aus welchen Zeitschriften die ausgeschnittenen Buchstaben stammen. Auch daraus ließen sich Vermutungen über den Täter ableiten. Liest er *Handelsblatt*, *Wirtschaftswoche* und *Frankfurter Allgemeine Zeitung? Frau von Heute*, *Freundin* und *Für Sie? MensHealth*, die *Mountainbike* und *Auto Bild?* Oder *Gala*, *Glücksrätsel* und das *Goldene Blatt?*

Die Kriminaltechnik könnte anhand der Schnittführung sogar bestimmen, ob das Krümelmonster Links- oder Rechtshänder ist. Besonders groß wäre die Freude bei der Polizei, wenn sie die verwendete Schere samt den beschnittenen Zeitschriften finden würde. Am besten in Oskars Mülltonne vor seinem Haus in der Sesamstraße.

Dann würden dort sicher eine Reihe von Personen vernommen. Vielleicht Samson, Tiffy oder Herr von Bödefeld. Als Zeugen oder als Beschuldigte. Und die Glaubwürdigkeit ihrer Aussagen würde darüber entscheiden, wo weiter ermittelt wird – und wo nicht. Wer in Freiheit bleibt – und wer weggesperrt wird. Aber auf diesem Weg lauern einige psychologische Fallen. Auf deren Spur machen wir uns im nächsten Kapitel.

»Für den Sprachprofiler kann jedes Wort, jeder Punkt und jedes Komma eine Bedeutung haben.«

Patrick Rottler

KAPITEL 2:
WORAN WIR ERKENNEN, OB UNSER GEGENÜBER ÜBERZEUGEND UND GLAUBWÜRDIG IST

Im persönlichen Kontakt, von Auge zu Auge, gelingt es uns am besten, andere von uns, unseren Ideen und Projekten zu überzeugen. Oder sie für unsere Ziele zu gewinnen. Egal ob beruflich oder privat. Bereits beim Kontakt von Ohr zu Ohr, also am Telefon, verlieren wir an Wirkungsgrad. Die schriftliche Kommunikation birgt zusätzliche Reibungsverluste. Ganz besonders, wenn wir heutzutage oft per Kurznachrichten, mit mehreren Personen und auf unterschiedlichen Kanälen gleichzeitig kommunizieren. Bei geteilter Aufmerksamkeit, mit hohem Tempo und in Halbsätzen. Hier lauern besonders viele kleine psychologische Fallen, von denen aber jede einzelne große Auswirkungen haben kann. Kommunikative Stolpersteine, über die wir in der Regel gar nicht nachdenken. Weil sie an Stellen auf uns lauern, an denen wir mit nichts Bösem rechnen. Nur wer diese Stolperstellen kennt, findet auch die kommunikativen Kniffe, um sie möglichst zu umgehen. Oder besser noch: sie geschickt für sich zu nutzen.

VON DER STEINZEIT BIS ZUM SMARTPHONE

Die menschliche Kommunikation hat sich lange Zeit im Schneckentempo entwickelt. Vom Laut zum Zeichen, zum Wort, zum Text. Kommuniziert wurde schon in der Steinzeit. Man möchte fast sagen, Kommunikation gab es immer schon. Denn selbst ein Einzeller dreht sich weg, wenn es ihm unangenehm wird.

Wann Sprache entstanden ist, darüber streitet die Fachwelt. Hier fehlt es an Überlieferungen. Die Frage ist auch, was Sprache überhaupt genau ist. Irgendwelche Laute, die eine Bedeutung haben? Oder braucht es Artikulation, Grammatik und kulturellen Kontext?

Wann sich Schrift und Text entwickelt haben, ist da schon besser einzuordnen. Dank Ausgrabungen und Funden. Die wohl ältesten derzeit bekannten Schriftzeichen stammen aus China. Sie wurden auf etwa 6000 Jahre vor Christus datiert. Die ersten kompletten chinesischen Texte auf etwa 4000 Jahre vor Christus. 2700 Jahre vor Christus entwickelte sich dann das weltbekannte ägyptische Schriftsystem, die Hieroglyphen. Erst etwa 1700 Jahre vor Christus entstand die erste Alphabetschrift, aus der sich auch unsere heutige Schrift entwickelt hat.

Während der Hauptzweck der Sprache zunächst eher darin bestand, soziale Gruppen zu organisieren, ging es später auch zunehmend darum, Informationen zu übermitteln. Die Konservierung und Verbreitung von Information wurde immer wichtiger, um das soziale Leben größerer Menschengruppen möglichst konfliktfrei am Laufen zu halten. Über die Jahrtausende hat der Austausch von Informationen stetig, aber stets sehr sachte zugenommen. Den ersten größeren Sprung gab es im 15. Jahrhundert mit der Erfindung des Buchdrucks durch Johannes Gutenberg. Der nächste Meilenstein war die Entwicklung des Telefons, das sich in der zweiten Hälfte des 20. Jahrhunderts flächendeckend über Deutschland ausbreitete. Langsam, aber stetig nahm es mehr und mehr Raum ein.

Richtig Tempo kam dann mit dem Siegeszug des Internets in den 1990er-Jahren auf. Aber der eruptive Quantensprung erfolgte schließlich mit den Erfindungen des 21. Jahrhunderts. Erst Smartphone und Social Media haben unser Kommunikationsverhalten fundamental verändert.

VON ANGESICHT ZU ANGESICHT

Wenn wir uns Auge in Auge gegenüberstehen, hören wir das gesprochene Wort, »Ja, mein Schatz, das Blau steht dir fabelhaft!«, wir lesen die Körpersprache und deuten den Klang der Stimme. Die Mimik wirkt kontrolliert, aber leicht angestrengt. Die Stimme betont positiv, doch leider etwas überbetont. Am Ende bilden wir unser Urteil: »Sag doch gleich, dass es dir nicht gefällt! Ich sehe aus wie das Krümelmonster!«

Wie diese Szene zeigt, bewerten wir in vielen Situationen Körpersprache und Stimme sogar ein Stück weit stärker als das gesprochene Wort. Das gilt jedenfalls für alle Informationen, die unseren ersten Logikcheck überstanden haben. Einen ersten, sehr oberflächlichen Logikcheck. Zunächst überprüfen wir alles, was wir hören, sehen oder lesen, auf Zusammenhänge und Widersprüche. Meistens unbewusst, manchmal auch ganz bewusst. Wir stellen uns dabei die Frage: »Passt das, was ich höre, zu dem, was ich sehe?« Und »Passt das, was ich da gehört/gesehen/gelesen habe, zu meinen bisherigen Erfahrungen/Erlebnissen?« So prüfen wir alles erst einmal auf Stimmigkeit ab. Wenn alles ein rundes Bild ergibt, entsteht ein gutes Gefühl. Unsere inneren Türen öffnen sich. Wirkt es unstimmig, entsteht ein negatives Gefühl. Unsere inneren Türen verschließen sich.

Wenn Sie hören: »Die Erde ist eine Scheibe«, dann ist Ihnen meine Körpersprache bei der Bewertung dieser Information vermutlich herzlich egal. Auch der Klang meiner Stimme wird für Sie in diesem Fall keine größere Rolle spielen. Diese Information ist einfach hanebüchener Blödsinn. Sogar der König der Narren hätte das erkannt. Es gibt keinen Zweifel, wir sind uns sicher, was wirklich Sache ist. Heutzutage auf jeden Fall. Hier bewerten wir ausschließlich die Information, also den Inhalt, das gesprochene Wort.

In unserem Alltag begegnen wir aber ständig Situationen, die nicht so einfach zu bewerten sind. Und hier wird es spannender. Zum Beispiel, wenn Nino im nächsten Fall behauptet: »Das war die Stalkerin!« Oder wenn der kleine Lukas schwört: »Ich habe das nicht kaputt gemacht« oder »Das hat Papa aber genauso gesagt!«, wenn der Kunde mitteilt: »Das ist schon beschädigt hier angekommen«, Norbert Blüm sagt: »Die Renten sind sicher« oder ein amerikanischer Präsident: »I did not have sexual relations with that woman«.

Ob die Erde eine Scheibe, ein Kegel oder eine Kugel ist, ist uns in solchen Momenten relativ egal. Wir wollen wissen, woran wir beim anderen sind. Was die Wahrheit hinter den Worten ist. Können wir dem anderen glauben, oder sind Zweifel angesagt?

Der Chef fragt seinen Mitarbeiter: »Haben Sie das Angebot an Bahlsen schon rausgeschickt?«

Der Mitarbeiter hat das gemacht. Also denkt er Ja und sagt auch: »Ja.«

Der Chef hakt nach: »Haben Sie auch gecheckt, ob noch genug Packungen auf Lager sind?«

Der Mitarbeiter hat auch das getan. Also denkt er Ja und antwortet auch wieder: »Ja! Es sind noch mehr als genug.«

Der Chef kennt seine Pappenheimer und will es genau wissen: »Und wissen die auch, dass wir das Angebot so nur noch bis Donnerstag halten können?«

Diese wichtige Information weiterzugeben hat der Mitarbeiter in der Hektik dummerweise übersehen. Der Mitarbeiter denkt »Vergessen. Verdammt!«, sagt aber: »JA!« Und verschwindet eilig, weil er noch schnell telefonieren muss. Um zu retten, was zu retten ist. Der

Chef bleibt mit einem komischen Gefühl im Bauch zurück. Er denkt: »Irgendwas ist hier faul!«

Oder ein anderes Beispiel: Sie war am Freitag beim Friseur. Er kommt nach Hause und bemerkt es nicht. Und das, obwohl ihre Haare deutlich kürzer und heller sind. Eigentlich ist es ein ganz anderer Schnitt. Viel jünger und frischer. Einfach Hammer! Sie ist enttäuscht: »Der schaut mich überhaupt nicht mehr richtig an …«. Er merkt nur, dass die Stimmung irgendwie komisch ist.

Also fragt er: »Schatz, ist alles okay?«

Die Antwort kommt prompt, einsilbig und trocken: »Ja.«

Er spürt, dass da doch irgendetwas sein muss: »Sag schon, Schatz, was ist los?«

Sie will kein größeres Drama daraus machen und antwortet: »Nein, wirklich, es ist nix.«

Womöglich der Anfang vom Ende eines schönen Wochenendes.

Oder kennen Sie so etwas? Der Lieferant sagt: »Kein Problem, bis Mittwoch haben Sie das Teil.« In Wirklichkeit schwitzt er, weil er weiß, dass alles Spitz auf Knopf steht und jetzt nichts mehr schiefgehen darf … In uns wächst das unschöne Gefühl: »Wenn das mal gut geht … .« Denn von der pünktlichen Lieferung hängt ab, ob wir wiederum unsere Zusage einhalten können.

Gerade in solchen Situationen bewerten wir das Gesagte schwächer, Körpersprache und Klang der Stimme stärker. Wir bewerten also weniger die Information, mehr die Emotion. Und wenn wir ein gutes Gespür bewiesen haben, klopfen wir uns hinterher selbst auf die Schulter: »Gut, dass ich auf meinen Bauch gehört habe!« oder »Zum Glück habe ich mich auf mein Gefühl verlassen!« Diesen Vorteil können wir in der Eins-zu-Eins-Kommunikation, von Angesicht zu Angesicht, am besten für uns nutzen. Als ob das nicht schon anspruchsvoll genug wäre, bergen alle anderen Arten der Kommunikation zusätzliche Stolpersteine.

Zusammenfassung: Kommunikation Auge in Auge

- Bei der Kommunikation Auge in Auge, beurteilen wir das gesprochene Wort (Information), die Körpersprache (Mimik, Gestik, ...) und den Klang der Stimme (Tonalität, Stimmung, ...).
- Jede Information wird einem kurzen Logikcheck unterzogen. Wenn das, was wir hören, (in etwa) zu unseren bisherigen Erfahrungen passt, bekommt die Information grünes Licht. Ab diesem Moment bewerten wir Körpersprache und Stimme stärker als die Information an sich.
- Passt das, was wir sehen (Körpersprache, Mimik, Gestik, ...), zu dem, was wir hören (Information, Klang der Stimme, ...), entsteht ein gutes Gefühl. Wirkt es unstimmig, entsteht ein schlechtes Gefühl.

VON OHR ZU OHR

Bei der Kommunikation per Telefon fehlt uns alles, was wir aus Mimik und Gestik lesen könnten. Deshalb sind wir uns der Reaktion unseres Gegenübers weniger bewusst, als wenn wir uns direkt gegenüberstehen würden. So entstehen Unschärfen. Situationen zutreffend zu bewerten wird deutlich anspruchsvoller. Ohne, dass uns dieser Nachteil wirklich bewusst wird. Die Körpersprache fällt weg. Und trotzdem bleibt – genau wie im persönlichen Gespräch vor Ort – die Emotion und Stimmung der entscheidende Bewertungsfaktor. Von Ohr zu Ohr wird er nun aber zu 100 Prozent über die Stimme übertragen.

Deshalb ist es am Telefon besonders wichtig, wie unsere Stimme klingt! Wenn nach dem Gespräch ein ungutes Gefühl zurückbleibt, dann hat die Stimme oder Stimmung nicht zum Inhalt gepasst.

Vor wichtigen Gesprächen denken wir oft viel über den Inhalt nach, aber wenig darüber, wie wir auf den anderen wirken wollen. Gelegentlich würde es zweifelsohne Sinn machen, sich vor wichtigen Telefonaten genau das zu überlegen. Wollen Sie in einer Verhandlung zum Beispiel »taff und direkt« oder »locker und diplomatisch« wirken? Die Lösung wäre relativ einfach: Versuchen Sie, sich vor schwierigen Gesprächen in die gewünschte Stimmung zu versetzen. Ihre Stimmung hat direkten Einfluss auf Ihre Stimme. Und am Telefon ist das mitunter der entscheidende Faktor, ob Ihr Gegenüber Sie für glaubwürdig und überzeugend hält.

Telefongespräche bieten uns aber auch den einen oder anderen großen Vorteil: Wenn Sie es schaffen, Vertrauen aufzubauen, öffnet sich Ihr Gegenüber am Telefon oft viel mehr, als wenn Sie ihm im persönlichen Gespräch gegenübersitzen würden. Durch den fehlenden Blickkontakt fällt oft auch eine Hemmschwelle weg. Deshalb ist das Telefon manchmal ein gutes Medium, um in einem zweiten Gespräch noch einmal tiefer nachzufragen. Aus diesem Grund sind übrigens auch Beichtstühle genau so aufgebaut, wie sie aufgebaut sind. Man sitzt seitlich und nimmt den Geistlichen durch ein Gitter oder eine Gaze nur schemenhaft wahr. So kommen auch gröbere Sünden leichter ans Tageslicht. Und sich die Mühlsteine von der Seele zu reden, kann sehr entlastend sein.

Auch in polizeilichen Vernehmungen wird gezielt mit diesem Effekt gearbeitet. Sie kennen diese Szenen aus den Fernsehkrimis: Der Ermittler fixiert den Täter, er wird lauter: »Sie glauben wohl, Sie können mich für dumm verkaufen?!« Die Adern an seinen Schläfen treten pochend hervor. Der Täter schluckt. Der Beamte erhöht den Druck, beugt sich über den Tisch, seine Nasenspitze ist nur wenige Zentimeter vor der des Täters. Schweißtropfen auf beiden Seiten. Irgendwann bricht der Täter dann ein und gesteht. Das kann schon mal funktionieren, liegt dann aber eher am Glück als am Verstand.

Auch in realen Vernehmungen wird Druck aufgebaut. Aber ein cleverer Vernehmungsexperte schafft sich keine unnötigen Barrieren, indem er die Beziehung zum Täter belastet. Der Druck entsteht beispielsweise durch die Beweise, die erdrückend wirken. Oder durch bevorstehende Ermittlungsschritte, die angedeutet werden. Doch dann sorgt ein guter Vernehmungsbeamter ganz bewusst auch für Phasen der Entspannung. Er vermeidet Blickkontakt und damit die direkte Konfrontation. Zum Beispiel, indem er sich mit dem Rücken zum Täter stellt und aus dem Fenster blickt. Oder indem er den Hofgang nutzt, um mit dem Häftling eine Runde im Hof zu laufen. Nebeneinander. In der Praxis sind das oft die Momente, in denen der andere sich öffnet und tiefere Einblicke in seine Gefühls- und Gedankenwelt zulässt.

Zusammenfassung: Kommunikation von Ohr zu Ohr

- Bei der Kommunikation von Ohr zu Ohr beurteilen wir das gesprochene Wort (Information) und den Klang der Stimme (Tonalität, Stimmung, ...). Die Körpersprache (Mimik, Gestik, ...) fällt weg.
- Ist der Logikcheck überstanden, bleibt die Emotion (Stimmung) der entscheidende Faktor bei der Beurteilung der Information (gesprochenes Wort). Diese wird nun aber zu 100 Prozent durch die Stimme übertragen.
- Deshalb ist es am Telefon besonders wichtig, wie die Stimme klingt. Wenn am Telefon ein ungutes Gefühl zurückbleibt, dann hat die Stimme/Stimmung nicht zum Inhalt gepasst.
- Vor schwierigen Gesprächen sollten wir uns überlegen, wie wir auf den anderen wirken wollen. In diese Stimmung sollten wir uns versetzen. Denn die Stimmung hat Einfluss auf unsere Stimme.

SCHRIFTLICH PER E-MAIL & BRIEF

Aber nun zurück zu unserem Metier: Durch digitale Medien haben Tempo und Quantität unserer Kommunikation zugenommen. Auf Kosten der Qualität. Stellen Sie sich vor, Sie bekommen an ganz normalen Tagen im Büro etwa vierzig E-Mails. Das könnte für viele von uns realistisch sein. Von diesen E-Mails sind vier bis fünf wirklich aufwendig in der Bearbeitung. Es gibt Tage, da schaffen wir nicht alles und einiges bleibt liegen. Was dann am nächsten Tag los ist, kann sich jeder vorstellen. Vielleicht bekommen Sie sechzig, siebzig oder in Extremfällen sogar hundertfünfzig oder zweihundert E-Mails. Die Frage ist jetzt: Bekommen Sie diese E-Mails nur, oder lesen Sie die auch? Wenn ja, wie aufmerksam tun sie das? Und: Bearbeiten oder beantworten Sie alle? In der Praxis sieht es oft so aus: Wir setzten Prioritäten, und trotzdem bleibt Wichtiges stellenweise liegen. Das ist der ganz normale Alltagswahnsinn für viele.

Da der gute alte Brief nahezu ausgedient hat, fokussieren wir uns hier stärker auf den Schriftverkehr per E-Mail. Sicher können förmlichere E-Mails im beruflichen Kontext den klassischen Geschäftsbriefen noch sehr ähnlich sein. Insgesamt gibt es aber einen starken Trend zur schnell noch kurz dahingeschriebenen E-Mail. Die vielleicht mehr das persönliche Gespräch als den Geschäftsbrief ersetzt. Zwischen Tür und Angel. Kurz vor Dienstschluss. Oder schnell noch mit dem Handy vom Flughafen aus. Die Turbinen laufen schon und eigentlich sollten Sie seit zehn Minuten schon im Flugmodus sein.

Wir überlegen genau, wann wir telefonieren oder besser eine E-Mail schreiben. Die E-Mail dokumentiert schwarz auf weiß. Sie sichert uns ab. Und vielleicht auch den anderen. Deshalb heißt es auch in vielen Bereichen: »Wer schreibt, der bleibt.« Manchmal macht es aber mehr Sinn, etwas »zwischen die Zeilen« zu packen. Sich an ein Thema heranzutasten. Um zu testen, wie weit der andere unseren Weg mitgeht. Oder wann es eng wird und er uns aussteigt. Der clevere Verhandlungsführer sondiert, bevor er loslegt.

Und da sind wir schon beim ganz großen Nachteil der schriftlichen Kommunikation: Ich bin mir der Reaktion meines Gegenübers nicht bewusst. Ich kann weniger »testen« und nicht notfalls sofort nachjustieren. Das führt dazu, dass wir an Wirkungsgrad verlieren können. Vielleicht verlieren wir nur Zeit. Vielleicht gelingt es uns nicht, das Maximale rauszuholen. Vielleicht verspielen wir die letzte Chance.

Nächster Nachteil: Ich weiß nie, in welcher Stimmung der andere ist, wenn er meine Nachricht liest. Und die Stimmung des Lesers entscheidet darüber, wie er den Text interpretiert! Wenn er in einer schlechten Stimmung ist, interpretiert er den Text tendenziell negativ. Wenn er in einer guten Stimmung ist, interpretiert er den Text tendenziell positiv. Und weder das eine noch das andere muss mit meinem Anliegen zu tun haben. Und trotzdem gilt: Ist er gut gelaunt, gut für mich. Ist er gerade genervt von irgendetwas, dann färbt leider auch das ab. Im persönlichen Kontakt, wenn wir uns Auge in Auge gegenüberstehen, nehmen wir die Stimmung unseres Gegenübers sofort wahr. Gerade bei größeren Anliegen ist es manchmal wichtig, den richtigen Zeitpunkt abzuwarten. Es gibt Momente, da winkt der andere alles durch, und welche, da geht gar nichts.

Deshalb ist es bei der schriftlichen Kommunikation besonders wichtig, genau den richtigen Ton zu treffen. Und das ist sehr viel leichter gesagt als getan. Beim gesprochenen Wort gilt: Die Betonung gibt dem Satz den Sinn. Im Vier-Augen-Gespräch oder am Telefon kann ich mit der Stimme betonen. Meinen Absichten so Gewicht und Nachdruck geben. Aber auch die Sorgen und Zweifel meines Gegenübers entschärfen. Bei Texten gilt: Der Leser macht sich die Betonung selbst. Deshalb muss der Inhalt wirklich eindeutig sein. Und das ist nahezu unmöglich, wie dieser einfache Satz aus einer Zeugenvernehmung zeigt:

»Ich sagte nicht, er stahl den Keks!«

Machen Sie sich einmal den Spaß und lesen Sie den Satz noch einige Male durch. Bei jedem Durchgang betonen Sie eines der Wörter besonders deutlich. Jedes Mal ein anderes Wort. Damit die Übung funktioniert, dürfen Sie gern stark überbetonen. Dann überlegen Sie, wie sich dadurch jeweils die Bedeutung des Satzes verändern könnte.

»Ich sagte NICHT, er stahl den Keks!«

Für viele Leser ist die erste Assoziation: »Das habe ich nie behauptet!«

Aber welche Aussagen könnten in diesem einfachen Satz noch versteckt sein? Was sagt der andere damit womöglich wirklich?

»ICH sagte nicht, er stahl den Keks!« Könnte heißen: »ZEUGE XY hat das gesagt.«

»Ich SAGTE nicht, er stahl den Keks!« Könnte meinen: »Ich habe meine Aussage SCHRIFTLICH zu Protokoll gegeben.«

»Ich sagte nicht, ER stahl den Keks!« Meint möglicherweise: »Ich sagte, SIE muss ihn genommen haben.«

»Ich sagte nicht, er STAHL den Keks!« »Er hat ihn sich nur GELIEHEN.«

»Ich sagte nicht, er stahl DEN KEKS!« »Es geht um WAFFELN oder LEBKUCHEN.«

Dieser Satz kann so viele Aussagen haben, wie er einzelne Wörter hat. Jeder Satz kann so viele Aussagen haben, wie er einzelne Wörter hat. Und manchmal noch viele mehr.

Natürlich kann man hier entgegenhalten, dass uns in der Regel der Kontext bewusst ist und dass deshalb die meisten Informationen sehr wohl eindeutiger sind. Eindeutiger vielleicht, ja, eindeutig meistens trotzdem nicht. Auch wenn es aus unserer eigenen Sicht keinen Zweifel geben kann. Eigentlich. Das ist der Grund, warum wir so oft Missverständnisse aufklären müssen.

Wir dürfen eine Sache nicht vergessen. Jeder von uns spielt die Hauptrolle in seinem eigenen Film. Und zwar nur in seinem eigenen Film. Alle anderen Menschen sind für uns lediglich Nebendarsteller. Wir sind also auch in den Filmen der anderen nur Nebendarsteller.

Wir sind eine oder einer von ganz, ganz vielen anderen. Mit einer Kleinrolle, Kleinstrolle oder nur als Statist. Aber jeder von uns sieht die Dinge überwiegend aus seiner eigenen Perspektive. Und lebt so in seiner eigenen Welt. Deshalb sind Missverständnisse und Fehlinterpretationen vorprogrammiert. Egal wie eindeutig alles scheint. Und egal, wie viel Mühe wir uns geben. Das ist mit einer der Gründe, warum Sie sich schon so oft im Leben darüber gewundert haben, wie es sein kann, dass manchmal selbst die einfachsten Sachen nicht klappen. Obwohl alles eindeutig besprochen war. Und logisch obendrein. Oder hat es doch nur für Sie so ausgesehen?

Zusammenfassung: Schriftliche Kommunikation

- Bei der schriftlichen Kommunikation sind wir uns der Reaktion unseres Gegenübers nicht bewusst. Deshalb können wir weder testen noch nachjustieren.
- Die Stimmung des Lesers ist entscheidend dafür, wie er den Text interpretiert. Wenn er in einer schlechten Stimmung ist, interpretiert er den Text tendenziell negativ. Wenn er in einer guten Stimmung ist, interpretiert er den Text tendenziell positiv.
- Auch die Stimmung des Schreibers wird nicht treffsicher transportiert. Selbst wenn er noch einen Smiley ans Satzende setzt, um seine Aussage in einen Kontext zu stellen.
- Beim gesprochenen Wort gilt: Die Betonung gibt dem Satz den Sinn. Beim Lesen macht sich der Leser seine Betonung selbst. Deshalb ist es beim Schreiben noch wichtiger, einen wirklich guten Ton zu treffen. Sonst sind Missverständnisse und Konflikte vorprogrammiert.
- Jeder sieht die Welt aus seiner eigenen Perspektive: Wir müssen uns bewusst sein, dass es nahezu unmöglich ist, wirklich eindeutig zu kommunizieren.

SCHRIFTLICH PER KURZNACHRICHT & CO.

Smartphone, Twitter, Facebook, Instagram, WhatsApp und Co. haben unsere Welt verändert. Mit spürbaren Auswirkungen auf unser Verhalten. Sie begleiten uns durch unseren Alltag. Im Unterschied zu Laptop und Computer sind Smartphones in allen Lebenslagen bei uns. Immer on! Immer eingeschaltet und mit dem Internet verbunden. Wir kommunizieren rund um die Uhr, zu jeder Tages- und Nachtzeit, vierundzwanzig Stunden am Tag, sieben Tage die Woche, 365 Tage im Jahr. Immer und überall, jederzeit erreichbar. Selbst auf der Toilette. Das Tempo und die Quantität des Informationsaustausches zwischen uns hat dramatisch zugenommen. Wir kommunizieren mehr, auf verschiedenen Kanälen, mit unterschiedlichen Partnern gleichzeitig. Besonders gern per Kurznachricht. Oft lesen wir die Nachrichten nur beiläufig, wir schreiben teilweise in Halbsätzen und antworten nur auf einzelne Aspekte. Gerade jüngere Menschen kommen heute schon manchmal gar nicht mehr auf die Idee, eine E-Mail zu schreiben. Geschweige denn zum Telefon zu greifen. Sie chatten mit großer Vorliebe per WeChat, Snapchat, TikTok und ähnlichen Apps. Weil »easy zu handeln« und die »User-Experience ist super nice« …

»Passt«, »LoL«, »Gerne«, »Bring Bier/Brot/Birgit mit!«. Wir verwenden eine kurze, pragmatische Sprache, die immer Spielraum für Interpretationen lässt. Ganz extrem ist es per WhatsApp und Co. – oder wie ältere Semester sagen: per SMS. Oder bei Twitter, bei E-Mails vom Handy aus oder Posts und Kommentaren.

Bernhard textet: »Hi Lissi, danke für den Link. Hat Ralle den auch? Das ist nicht sein Ernst? Hast du morgen kurz Zeit zu schreiben?« Lisa textet zurück: »Ja mega läuft kiss«. Was Bernhard sagen wollte? Keine Ahnung?! Auf was Lissi antwortet? Ungewiss. Bleibt nur zu hoffen, dass es hier nicht um etwas Wichtiges geht, das besser klappen sollte. Und es geht noch deutlich undeutlicher. Dann verzichten wir auch mal komplett auf Text und drücken unsere Emotion per Emoji aus: Äffchen, das sich den Mund zuhält, Smiley, der die Augen aufreißt, Maiskolben, Pfirsich, Pflaume, Herz Rot, Herz Rosa, Herz gebrochen oder Daumen runter. Verfänglich oder unverfänglich. Der andere kann sich dann heraussuchen, wie wir es meinen. Interpretieren, was er will. Und so war es auch gemeint … vielleicht … manchmal … oder auch nicht?

Sicher ist nur eine Sache: Jede Kurznachricht, jeder Profil-Check, jede Push-Meldung, für die wir unseren Arbeitsprozess unterbrechen, kostet uns etwas. Und zwar zusätzliche Zeit. Und Fokus. Denn wir brauchen danach etwa eine Minute, bis wir unseren ursprünglichen Gedankengang wieder fortsetzen können. Wer also alle fünf Minuten seine Nachrichten checkt, verliert jede Woche achteinhalb Stunden seiner Zeit. Einen vollen Arbeitstag.

Alles wird komplexer und schneller. Aber unser Gehirn verarbeitet die Informationen noch genau wie vor 10.000 Jahren. Und das wird auch so bleiben. Auf die psychologischen Fallen, die wir oben schon beschrieben haben, wirkt das wie ein Katalysator. Die Gefahr von Missverständnissen wird immer größer.

Zusammenfassung: Schriftliche Kommunikation per Kurznachricht & Co.

- Vorteil von Kurznachrichten: die absolute Reduktion auf das Wesentliche.
- Nachteil von Kurznachrichten: die absolute Reduktion auf das Wesentliche. Die Gefahr von Missverständnissen ist hier am größten.

FAZIT & EMPFEHLUNGEN

Wer wissen möchte, woran er beim anderen ist, muss auch wissen, welche psychologischen Fallen ihm bei der Bewertung von Informationen auflauern können. Kommunikation ist in unserer digitalen Zeit anspruchsvoller geworden. Die Gefahr von Missverständnissen war noch nie so hoch wie heute. Das ist die eine Seite der Medaille. Mehr Tempo, bessere Vernetzung und vielleicht größerer Spaß am Kontakt sind die andere Seite. Es ist wie mit vielen Themen im Leben. Digitale Kommunikation kann Fluch und Segen gleichermaßen sein. Die Dosis macht das Gift. Und der Umgang damit. In einfachen Fällen oder wenn alles gut läuft, wenn es gerade um nichts geht, wenn jedem klar ist, was zu tun ist, und jeder Verantwortung übernimmt, sind auch Kurznachrichten kein Problem. Sicher gibt es hier keinen Königsweg, kein Richtig und kein Falsch. Trotzdem können diese drei Tipps eine wertvolle Hilfe sein:

- Immer wenn es wirklich wichtig ist, dass Dinge laufen/klappen/funktionieren, gehen Sie auf Nummer sicher! Steuern Sie so persönlich wie möglich, mindestens per Telefon.
- Digitale Kommunikation sollte die persönliche Kommunikation nicht ersetzen, sondern sinnvoll ergänzen. Bleiben Sie regelmäßig im direkten, persönlichen Kontakt. Digitale Kommunikation sollte immer im persönlichen Kontakt vorbereitet und nachbereitet werden.
- Klären Sie Konflikte immer persönlich, möglichst nicht am Telefon, nicht per E-Mail, nie per Kurznachricht. Das Scheitern ist sonst vorprogrammiert. Auch wenn Sie es noch so gut meinen, der andere wird immer vom schlechtesten Fall ausgehen.

Zusammenfassung

- In einer digitalen Welt wird Kommunikation anspruchsvoller, die Gefahr von Missverständnissen und Konflikten steigt.
- Selbst Situationen, die klar scheinen, sind oft nicht klar.
- Digitale Kommunikation sollte die persönliche Kommunikation sinnvoll ergänzen.
- Digitale Kommunikation sollte immer im persönlichen Kontakt vorbereitet und nachbereitet werden.

»Zeig mir, was du schreibst, und ich sage dir, wer du bist!«

Patrick Rottler

DAS SPIEL MIT DEM STALKER GERÄT AUSSER KONTROLLE

Eine Frau lässt sich auf ein perfides Spiel mit einem Stalker ein. Es wird sie am Ende ihre Freunde und ihre Heimat kosten.*

Assipratze, Bückstück, Clownsgesicht, Hartgeldnutte, Saftschubse, Zuchtel … Es war ein ABC der Kraftausdrücke. Beleidigungen von A bis Z. Die Liste der Schmähwörter war ebenso lang wie kaum zu ertragen. Und jedes einzelne davon musste sich Eva Stork gefallen lassen. Über neun Monate hinweg wurde sie verbal attackiert, herabgewürdigt und schikaniert. Alles anonym, über eine ihr unbekannte WhatsApp-Nummer.

Das ist ein kleiner, feiner Auftrag, absoluter Standard und sicher schnell geklärt, dachte ich. Sonst hätten wir ihn zu diesem Zeitpunkt vermutlich gar nicht mehr angenommen. Gerade waren wir mit einem größeren Fall, mit über vierzig anonymen Tattexten und mehreren hundert Seiten Vergleichstexten, beauftragt worden. Bis alle Vorbereitungen abgeschlossen waren, wollte ich mich noch um Frau Stork und ihr Anliegen kümmern.

Frau Stork, Mitte dreißig, ist Mutter von zwei kleinen Töchtern und Stewardess aus Leidenschaft. Seit Kurzem lebte sie mit ihrem neuen Lebensgefährten zusammen. Vor den Toren Berlins baute sich die frischgebackene Patchworkfamilie ein neues Leben auf. Nach der Trennung von ihrem Exmann fühlte sich Frau Stork endlich wieder angekommen. Doch schon bald kam dieser eine Sonntag im Sommer, der ihr Leben wieder auf den Kopf stellen sollte. Nicht von heut auf morgen, sondern schleichend, denn es begann ein perfides Spiel mit ihrem Verstand.

* Bearbeitet und sprachwissenschaftlich gelöst durch Prof. Dr. Raimund Drommel.

An diesem Sonntag war Frau Stork mit ihren Töchtern beim Baden am See gewesen. Abends saß sie etwas erschöpft von der prallen Sonne auf der Couch. Ping, da ploppte eine neue WhatsApp-Nachricht auf. Von einer ihr unbekannten Rufnummer.

»Na, einen schönen Tag am See gehabt, du Luftpumpe?«

Text sinngemäß, Fehler und besondere Merkmale wurden dem Original entsprechend übernommen.

Da erlaubte sich sicher jemand einen Scherz mit ihr, dachte sie sich. Bestimmt einer ihrer frechen Neffen. Oder irgendjemand aus dem Freundeskreis, der gerade einen neuen Handyvertag abgeschlossen hatte. Sie nahm den Spruch nicht persönlich. Kleine neckische Spielchen waren genau ihr Ding. Aber ihre Neugier war geweckt und sie ließ sich auf die Konversation mit dem Unbekannten ein. Bald schon wollte sie dem anonymen Schreiber die Identität entlockt haben. Doch das sollte sich nicht als die einfachste Aufgabe herausstellen.

Tagelang ging es hin und her. Die Intensität der Sticheleien und die Bösartigkeit der Beleidigung nahm zu.

»Na, hast du mich vermisst gestern du Assipratze? Ich dich nicht. Aber es macht so viel Spaß mit so ner Dämlichen wie dir zu schreiben«

Ping

»Hättest dir von dem Geld lieber mal die Brüste machen lassen sollen. Die hängen wie bei ner Oma. Echt unschön!«

Ping

»Aber besser doch nicht. Nicht daß die genauso verpfuscht werden wie dein Gesicht.«

Text sinngemäß, Fehler und besondere Merkmale wurden dem Original entsprechend übernommen.

Frau Stork fand das nicht mehr witzig. Das teilte sie dem Schreiber auch mit. Mittlerweile hatte dieser auch sein Profilfoto geändert. Die teuflisch grinsende Fratze eines Horrorclowns starrte sie von ihrem Handy aus an. Nach einem Scherz sah das Ganze nicht mehr aus. Sie schaffte es aber auch nicht, den Störenfried einfach zu blockieren. Zu gekränkt war sie mittlerweile von den Attacken. Sie MUSSTE wissen, wer dahintersteckt. Wer imstande war, ihr so etwas anzutun. Sie war emotional gefangen. Auf das Spiel des Stalkers hatte sie sich eingelassen, weil sie dachte, sie kann nach ihren eigenen Regeln spielen. Doch diese Kontrolle hatte sie längst verloren.

Sie nur zu beleidigen, reichte dem Stalker bald nicht mehr. Er fand Gefallen daran, mit ihr Katz und Maus zu spielen. So geriet ihr kleines Familienidyll ins Visier des Täters.

»Hab deinen Mann letztens im Bordell gesehen. Mit ner sexy Russin. Wusstest du, daß er auf künstliche Titten steht?«
»Scheint ihm dort gefallen zu haben, nachdem er schon auf einem Stammgästeparkplatz geparkt hat.«
»Weißt du eigentlich was er so treibt, wenn du am Wochenende arbeiten bist?«
»Man soll ja nicht alles glauben was man hört, aber er geht gern Cocktailtrinken mit seiner Ex.«
»Aber wär ja auch kein Wunder. Wer hält es denn mit dir aus? Deine Kinder gehen ihm ja auch auf die Nerven.«

Text sinngemäß, Fehler und besondere Merkmale wurden dem Original entsprechend übernommen.

Die neue Taktik des Stalkers traf einen Nerv. Auch wenn sie wusste, dass an diesen Aussagen herzlich wenig Substanz war, höhlten diese manipulativen Vorwürfe ihr Vertrauen nach und nach aus. Mit jedem Tag und jeder Nachricht ein bisschen mehr. Die Exfreundin ihres Partners war immer schon Thema. Mag da was dran sein? Mantra-artig wurde das Thema Untreue in ihre Gedanken gepflanzt und dort gehegt und gepflegt. Der Chatverlauf dazu, den wir später Wort für Wort auswerteten, verlief über vierundneunzig Din-A4-Seiten. Das besonders perfide daran: Der anonyme Schreiber hatte es geschafft, eine Art toxische Beziehung zwischen sich und Eva Stork aufzubauen. Erst hatte er Zweifel gesät und dann Ratschläge als giftige Medizin gegeben.

»Sei bitte nicht so naiv. Vielleicht glaubst du mir nicht, aber du wirst Beweise bekommen. Du tust gut daran deinem Liebsten mal auf die Finger zu schauen.«
»Oder soll es so unschön ausgehen wie mit deinen anderen Beziehungen. Die sind doch auch irgendwann alle davongelaufen wegen ner jüngeren.«

Text sinngemäß, Fehler und besondere Merkmale wurden dem Original entsprechend übernommen.

»Du bluffst doch nur! Was für Beweise?????«, wie eine Süchtige suchte sie den Kontakt, von dem sie wusste, dass er sie zerstört. Als Frau Stork sich irgendwann dabei ertappte, wie sie das Handy ihres Partners durchsuchte, erschrak sie über sich selbst. Wie hatte es so weit kommen können? Sie wollte sich nicht weiter in die Enge treiben lassen. Aber sie MUSSTE auch Klarheit haben.

Frau Stork meldete sich bei Leo Martin, der ihr als Experte für Stalking empfohlen worden war. Ihr Fall wurde von uns dann auch unter der sprachwissenschaftlichen Leitung von Prof. Dr. Drommel bearbeitet. Und sie hatte einige Vorarbeit geleistet. Anhand der Informationen aus ihrem Umfeld, über die der Stalker verfügte, war sie sicher, dass nur drei Personen als Schreiber infrage kamen. Die Exfreundin ihres Lebensgefährten, eine »Bekannte« aus der Nachbarschaft und ein verschmähter Verehrer. Einer von diesen Dreien musste es todsicher sein. Es gab keine andere logische Möglichkeit. Solche Fälle sind die perfekte Ausgangslage für ein Sprachprofiling. Man kann zwei ausschließen und einen belasten. Dann kann man am Ende sehr sicher sein, wer der Täter ist. Aber eben nur, wenn nicht doch noch irgendwo in der Welt ein vierter oder fünfter Kandidat auftaucht, der auch noch irgendwie infrage kommen könnte. Das schien hier nicht der Fall zu sein.

Das Ergebnis der Analyse führte zu einem Nervenzusammenbruch bei Frau Stork. Unserer Ansicht nach kam keine der drei Personen tatsächlich als Stalker infrage. Ihre Reaktion am Telefon war extrem. Ein paar Augenblicke lang herrschte Totenstille. Dann brach es aus ihr heraus. Sie wetterte aufgebracht, dass das nicht sein könne. Wir wären unfähig. Einer von den Dreien müsse es sein, wir sollen weiter analysieren, dann würden wir schon Spuren finden.

Der Chatverlauf mit dem Anonymus hatte uns gezeigt, dass Frau Stork nicht über die emotionalen Schutzschilde zu verfügen schien, die die meisten Menschen haben. Obwohl sie sich reflektiert zeigte, hatte sie dort einen blinden Fleck. Die Bewertung sozialer Situationen war für sie eine große Herausforderung. Nicht grundsätzlich im Leben, aber auf diesen Fall bezogen. Eine Herausforderung, die sie selbst nicht im vollen Umfang erkannte. Das ganze Ausmaß dieser Problematik zeigte sich auch für uns erst in den folgenden Wochen.

Auf der Suche nach neuen Ansätzen ließen wir uns von ihr die Aussage geben, die sie zu Beginn bei der Polizei gemacht hatte. Und wir staunten nicht schlecht: Auch in dieser Zeugenvernehmung hatte sie drei Verdächtige genannt. Allerdings drei komplett andere. Auch dort hatte sie angegeben, dass es einer dieser drei gewesen sein muss. Und auch dafür hatte sie gute Gründe genannt. »Was der da schreibt, kann sonst keiner über mich wissen!«, stand dort wortwörtlich.

Als sie sich wieder gefangen hatte, kam sie mit der nächsten verdächtigen Person zu uns. Und dann mit der nächsten. Und mit der nächsten. Die Liste der Verdächtigen wurde von Woche zu Woche länger: ihr Ex, der Vater ihrer Töchter … diese Jugendfreundin, die auf einmal wieder öfter auftauchte … ein ehemaliger Nachbar, der nach wie vor Kontakt zu ihrem Ex hatte … der komische Typ aus dem Elternbeirat, der auch die Schule immer so anschießt … eine ihrer Kuchenback-Freundinnen, die in letzter Zeit oft kurzfristig abgesagt hat … die Putzfrau, die sie gefeuert hatte, weil sie nur auf der Couch rumlag, wenn sie allein war, die kurzen gelockten Haare hätten sie überführt …

Mit jeder Verdächtigung zerstörte Eva Stork, ohne es zu merken, eine Freundschaft. Jeder aus ihrem Umfeld wurde hinterfragt. Oberflächliche Bekannte, aber auch langjährige Freunde. Die Art und Weise, wie sie Fragen stellte und welche Themen sie setzte, machte jedem klar, dass er gerade infrage gestellt wurde. Teilweise hatte sie versucht, im Gespräch Fallen aufzustellen. Dazu fütterte sie ihre Gesprächspartner mit falschen Informationen, um zu sehen, auf welche davon sich der Anonymus dann beziehen würde. Oder sie versuchte ganz offensichtlich, ihren Freunden Insiderinformationen zu entlocken, die nur der Stalker hätte haben können. Auf zwei Verdächtige hatte sie sogar zeitweise einen Detektiv angesetzt. Auch ihren Arbeitsplatz hatte Frau Stork längst mit dem Virus des Misstrauens infiziert. Kollegen gerieten in Verdacht, jeder Blick und jedes Getuschel wurde interpretiert. Kaum zu glauben, wenn man weiß, dass Eva Stork eine gestandene Frau ist, die immer alles gut im Griff hatte. Sie hat einen verantwortungsvollen Beruf, ist eine tolle Mutter und stand vor dieser Phase nicht nur fest im Leben, sondern auch hoch im Ansehen. Aber Vertrauen ist der Anfang von allem – und Misstrauen ist der Anfang vom Ende.

Auch viele, die sie nicht direkt verdächtigt hatte, wandten sich ab. Ihre Freunde hatten diesen Verfolgungswahn satt. Das Stalking war das beherrschende Thema seit gefühlten Ewigkeiten. Und es waren ja auch nur Nachrichten. Sonst nichts. Sie wollten sich nicht länger anhören, wer es nun wieder gewesen sein muss und warum es diesmal sicher ist. So musste Frau Stork irgendwann feststellen, dass sie allein war. Ohne die Freunde, die sie in dieser Situation so dringend gebraucht hätte. Der anonyme Schreiber hatte ihr alles genommen, ohne sich selbst dabei die Hände schmutzig zu machen. Frau Stork selbst hatte ihr ganzes Umfeld zerstört, jeden Anker, jeden Halt, jede helfende Hand und jedes offene Ohr. So blieb wenig von dem, auf das sie sich noch vor wenigen Monaten gefreut hatte. Aus der gemeinsamen Wohnung, dem gemeinsamen Familienidyll, war ein Albtraum geworden, aus dem sie einfach nicht mehr erwachen konnte. Am Ende waren nur noch die Töchter und der Lebensgefährte übrig. Und bei Letzterem hatte die böse Mischung aus Eifersucht und aufkommendem Misstrauen bereits bemerkbar Spuren hinterlassen. Er reagierte nur noch sehr dünnhäutig auf Neuigkeiten vom »Stalker«. Und es sollte noch schlimmer für sie kommen …

»Pass auf wenn deine Kinder draußen spielen ...«
»So ein Schulweg ist lang und gefährlich jetzt wo es draußen kalt und dunkel ist.«

Text sinngemäß, Fehler und besondere Merkmale wurden dem Original entsprechend übernommen.

Da alles kurz nach dem Umzug aufs Land begonnen hatte, traf der Familienrat eine schwere Entscheidung. Es ging zurück nach Schönefeld.

Und die (sprachwissenschaftliche) Analyse? Schon beim allerersten Blick auf die Texte fiel auf, dass der Stalker eine Vorliebe für Formulierungen mit »ner« zeigte. Als umgangssprachliche Verkürzung für das Wort »einer«. »Es macht so viel Spaß mit so ner Dämlichen wie dir zu schreiben«, Deine Brüste »hängen wie bei ner Oma«, »Hab deinen Mann letztens im Bordell gesehen. Mit ner sexy Russin«, »… davongelaufen wegen ner jüngeren«. Solche umgangssprachlichen Verkürzungen sind keine Seltenheit. Das gilt insbesondere für WhatsApp-Nachrichten, die oft näher am gesprochenen Wort, als im formellen Schriftdeutsch formuliert werden. In diesem besonderen Fall war jedoch zu beachten, dass auch Frau Stork selbst regelmäßig mit »ner« formulierte. Da Formulierungen in der direkten Kommunikation auch mal »abfärben« können, durfte dieses Merkmal also höchstens als schwaches Indiz bewertet werden.

Interessanter war das Wort »unschön«. »Die hängen wie bei ner Oma. Echt unschön!« und »Oder soll es so unschön ausgehen wie mit deinen anderen Beziehungen …«. Alternativ hätte der Stalker auch formulieren können »nicht schön«, »schlimm« oder »ekelhaft«. Auch an der Wortwahl »unschön« ist, abgesehen von der damit verbundenen Unverschämtheit, grundsätzlich keineswegs etwas auszusetzen. Trotzdem brachte diese Entdeckung am Ende den Durchbruch. Unschön für den Stalker! Die Besonderheit in diesem Fall war, dass das »unschön« ausschließlich in einem einzigen der Vergleichstexte auftauchte. Und auch dort nur ein einziges Mal. Allerdings bei einer Person, die wir aus anderen Gründen mit sehr hoher Wahrscheinlichkeit ausschließen konnten. Dafür gab es einen Verdächtigen, bei dem die Vorsilbe »un« auffällig häufig vorkam. So formulierte er: »unfähig« statt zum Beispiel »nicht fähig«, »unnötig« statt »nicht nötig«, »unaufrichtig« statt »nicht aufrichtig«, »ungerecht« statt »nicht gerecht«, »ungewollt« statt »nicht gewollt« und »unaufrichtig« statt »nicht aufrichtig«.

Das brachte die heiße Spur auf einen Kollegen von Frau Stork, einem Flugbegleiter, der in all den Jahren nie den Sprung zum Chef der Kabine geschafft hatte. Er fühlte sich sehr zu ihr hingezogen, für sie war er ein Arbeitskollege, nicht mehr und nicht weniger. Wenn beide die Ruhezeiten nach einem Langstreckenflug zusammen mit dem Rest der Crew verbrachten, zeigte er sein Interesse deutlich. Als Frau Stork dann wieder in einer Beziehung war, ging er sofort spürbar auf Abstand. Gemeinsame Einsätze nach Kapstadt, Hongkong oder Singapur wusste er von diesem Zeitpunkt an geschickt zu vermeiden. Auch im persönlichen Kontakt war er keineswegs mehr aufdringlich. Deshalb war Frau Stork nun wieder unsicher, ob er tatsächlich der Stalker sein könnte. Auch für uns war das keineswegs hundertprozentig. Zum Vergleich hatten wir mehrere Seiten WhatsApp-Chatverläufe zwischen ihm und ihr. Es gab zwar keine Faktoren, die ihn als Stalker ausschließen würden, aber auch keine so dichte Beweisführung, dass wir vor Gericht irgendeine Chance auf Erfolg hätten erwarten können. Die lauwarme Spur wurde heiß, als Frau Stork die Einsatzzeiten ihres Kollegen mit den Sendezeiten der anonymen Nachrichten abglich. Hier landete sie einen Volltreffer. Immer, wenn er in der Luft war, herrschte Funkstille. Ausnahmslos. Und nach der Landung ging es wieder los. Das war eine Bauchlandung für den Flugbegleiter, glücklicherweise noch bevor es bei Frau Stork zur Bruchlandung kam. Und der Textanalyse-Tower meldete: Mission complete!

»Um klar zu sehen, genügt oft ein Wechsel der Blickrichtung.«

Antoine de Saint-Exupéry

KAPITEL 3:
PSYCHOLOGISCHE FALLEN BEI DER BEWERTUNG VON INFORMATIONEN

DIE WAHRHEIT ÜBER UNSERE WAHRNEHMUNG

Bedrohung – Erpressung – Raubüberfall. Ein schlimmes Verbrechen ist geschehen. Ein Kriminalfall, zwei unbeteiligte Zeugen. Beide haben aus demselben Blickwinkel denselben Sachverhalt beobachtet. Dennoch unterscheiden sich die Aussagen, die beide machen, in wesentlichen Punkten. Jeder von beiden ist davon überzeugt, dass seine Version der Geschichte stimmt. Keiner von beiden lügt. Aber einer von beiden unterliegt einem Irrtum. Vielleicht sogar beide. Das eine vom anderen zu trennen ist kriminalistischer Alltag. Und zwar bei der Bewertung von jeder einzelnen Information. Das Phänomen, das dahintersteckt, ist einer der Gründe, warum es in unserem Alltag so oft zu Missverständnissen, Konflikten und Reibereien kommt.

Auf dem Studienplan steht eine Doppelstunde Vernehmungspsychologie. Es ist ein ganz normaler Freitagnachmittag an der Fachhochschule der Polizei. Die Kriminalisten freuen sich insgeheim schon auf das Ende der Vorlesung und auf das Wochenende zu Hause bei ihren Familien. Plötzlich unterbricht der Dozent seine

Ausführungen zum Thema Lügenerkennung. Seine Stimme wechselt von Vortrag auf Einsatz: »Achtung, was jetzt kommt, ist Teil einer Übung! Ich wiederhole! Was jetzt kommt, ist Teil einer Übung! Egal, was gleich passiert, bleiben Sie auf Ihren Plätzen sitzen! Ich wiederhole: Bleiben Sie auf Ihren Plätzen, egal, was jetzt passiert!« Er hat die letzten Silben noch nicht ausgesprochen, da detoniert vor der Fensterfront des Hörsaales ein Sprengsatz. Zeitgleich krachen die Rollläden nach unten, im Hörsaal zündet eine Blendgranate, im Gang fallen Schüsse, der Evakuierungsalarm schrillt auf. Dunkelheit! Draußen laute Schrei, wild durcheinander. Beide Türen zum Vorlesungsraum werden aufgestoßen, mehrere Personen mit schwarzen Masken stürmen in den Saal. Auch hier fallen Schüsse. Mündungsfeuer in alle Richtungen. Der schummrige Lichtkeil aus dem Foyer mischt sich mit dem Nebel der Blendgranaten. Körper sacken zu Boden. Trotz der Vorwarnung reagieren einzelne Studenten panisch. Der Dozent bricht ab: »Danke, stopp! Übung Ende!« Die schwarzen Masken ziehen sich zurück. Als die Rollläden nach oben fahren und der Dozent das Licht anschaltet, fällt auf, dass auch einige der Gasthörer aus dem anderen Semester fehlen.

Als sich die Lage wieder beruhigt hat, lautet die Anweisung des Dozenten: »Bitte keine Kommunikation! Kein Austausch untereinander! Sie sind Zeuge eines Überfalls geworden. Jeder von Ihnen schreibt jetzt seine eigene Zeugenvernehmung!« Danach fragt er der Reihe nach einzelne Beobachtungen ab und die Studenten notieren ihre Antworten. Wie lange hat der Überfall gedauert? Wie viele Täter waren im Raum. Wie viele Schüsse sind gefallen? Wie viele »Tote« hat es gegeben? Wie viele der Gasthörer fehlen? Die Auswertung der Aussagen fiel für viele überraschend aus: Bei der Dauer des Angriffes reichte die Spanne der Angaben von dreißig Sekunden bis hin zu fünf, sechs Minuten. Tatsächlich gedauert hatte das Schauspiel zwei Minuten und zehn Sekunden. Im Durchschnitt wurden etwa dreieinhalb Minuten genannt. Bei der Anzahl der Täter reichte die Spanne von zwei bis hoch zu »etwa zehn«. Tatsächlich waren es vier Maskierte. Der Durchschnitt der Angaben lag bei fünf bis sechs. Genauso breit gefächert war das Feld der Nennungen in allen anderen Bereichen. Besonders uneinig war man sich bei der Anzahl der verschwundenen Gasthörer. Und ganz besonders bei deren Beschreibung.

Die Frage ist, wie es zu so einer Bandbreite an »Beobachtungen« kommen konnte. Schock hin, Panik her, Unsicherheit beiseite. Die Inszenierung war als Übung angekündigt. Und bei allen Teilnehmern hatte es sich um ausgebildete Kriminalbeamte gehandelt, die teilweise zehn Jahre und mehr im Dienst waren. Als Polizisten waren sie »Profizeugen« und in der Erfassung und Darstellung von Sachverhalten geübt. Und dennoch unterschieden sich ihre Aussagen in wesentlichen Punkten.

WO DER BLINDE FLECK AUF UNS LAUERT

Unsere Wahrnehmung ist hochgradig lückenhaft. Sehr viel lückenhafter, als uns das bewusst ist. Machen Sie das folgende Experiment und Sie werden es selbst erleben!

Halten Sie die folgende Seite etwa dreißig Zentimeter von Ihren Augen entfernt. Schließen oder verdecken Sie Ihr rechtes Auge und starren Sie auf die Lupe. Trotzdem sollten Sie den grauen Punkt noch sehen. Führen Sie die Abbildung dann langsam an Ihr Gesicht. An einer Stelle wird der Punkt unsichtbar. Halten Sie die Seite in dieser Entfernung, so bleibt er verschwunden. Bewegen Sie die Seite weiter zu Ihrem Gesicht, wird er wieder sichtbar.

Das Experiment mit dem Punkt und der Lupe zeigt uns, dass wir einen blinden Fleck in unserer visuellen Wahrnehmung haben. Da ist ein Bereich, in dem wir nichts sehen. Ganz einfach, weil unser Auge dazu technisch nicht in der Lage ist. Dieser Bereich befindet sich mitten in unserem Sichtfeld, direkt vor uns, und er ist faustgroß. Genau genommen hat jeder von uns sogar zwei solcher blinden Flecken. Bei den meisten Menschen befinden sich diese im oberen rechten bzw. linken Bereich des Sichtfeldes.

Dass uns diese Löcher in unserer visuellen Wahrnehmung nicht auffallen, liegt daran, dass wir sie nicht »sehen«. Stattdessen füllt unser Gehirn diese Lücken auf. Und zwar mit Informationen aus dem Kontext. Also den Informationen, die unser Auge aus dem Feld drum herum eingesammelt hat. Aus dem, was wir wirklich sehen, und dem, was unser Gehirn dazuinterpretiert, entsteht ein stimmiges Bild. So stimmig, so echt, so lückenlos, dass wir es nicht infrage stellen müssen. Bei der Wahrnehmung von Erlebnissen ist das leider nicht ganz so einfach/echt/eindeutig, wie der Versuch an der Polizeihochschule gezeigt hat.

WIE WIR UNSERE WAHRNEHMUNGSLÜCKEN AUFFÜLLEN

Doch genau wie in unserer visuellen Wahrnehmung, gibt es auch in der Wahrnehmung von Erlebnissen und Ereignissen faustgroße Löcher. Manche sind gefühlt sogar noch wesentlich größer. Jedoch füllt unser Gehirn diese nicht zwangsläufig mit Fakten aus dem Kontext auf, sondern, wenn es dumm läuft, gern auch einmal mit Fake News und Fiktionen.

Was ist Ihr allererster Gedanke, wenn Sie an das Wort »Korb« denken? Die Mutter und Familienmanagerin denkt womöglich an ihren wöchentlichen Großeinkauf. Der Imker denkt an Bienen,

Honig und Zentrifuge. Florian, der gerade bei Astrid abgeblitzt ist, hat sofort einen anderen Gedanken im Kopf. Ein Wort, viele verschiedene Bilder, noch mehr Bedeutungen. Treiben wir es eine Stufe weiter …

Die Sonne scheint, die Bienen brummen, vor uns befindet sich eine prachtvolle Sommerblumenwiese. Auch wenn wir gemeinsam vor derselben Wiese stehen, ist Wiese nicht gleich Wiese: Der Imker freut sich über eine fette Ausbeute. Sonja hat sofort Bilder von sich und ihrem neuen Date vor Augen – beim Picknick. Der Architekt überlegt, wie hoch hier wohl das Grundwasser steht. Die beiden Jungs sehen in der Wiese einen coolen Bolzplatz und in den vier Bäumen die perfekten Tore. Der Landwirt fragt sich, wann es endlich regnet. Auch Lasse würde sich über Regen freuen, aber wegen seiner Allergien und dem Heuschnupfen. Der Fotograf denkt an seine letzte Bergbauernmilch-Kampagne. Und der Hundebesitzer ist froh, dass er endlich etwas Grün gefunden hat. Für Hasso. Eine Wiese, hundert Welten. Und wieder haben hundert Gehirne hundert verschiedene Realitäten geschaffen. So weit, so normal, so gut. Wenn wir es nun noch weiter treiben, beginnt man zu verstehen, wo dieses Lückenfüllen im Alltag zu Problemen führen kann …

Menschen tendieren dazu, ihre eigenen Überzeugungen zu bestätigen. Den eigenen Vorurteilen entsprechende Beobachtungen werden dabei überbewertet. Dadurch scheint sich unser Vorurteil als wahr zu erweisen. Wenn wir zum Beispiel der Meinung sind: »Alle Araber sind aggressiv«, werden wir einen leicht gereizten Ton in der Stimme eines Arabers als Aggressivität auffassen. Und schon hat sich unsere Meinung bestätigt und unser Bild gefestigt. Sind wir jedoch der Überzeugung: »Alle Asiaten sind höflich«, werden wir den leicht gereizten Ton in der Stimme des Chinesen nur schwach wahrnehmen und dafür das kurze Lächeln, das er der Bedienung zugeworfen hat, stärker registrieren. Und wieder hat sich eine unserer Überzeugungen bestätigt.

Die Psychologie nennt dieses Phänomen »selektive Wahrnehmung«. Sie funktioniert wie ein Filter in unserem Kopf, der bewirkt, dass wir bestimmte Informationen stärker wahrnehmen und andere schlicht übersehen. Und zwar unwillentlich. Sind Sie zum Beispiel starker Raucher, neigt Ihr Gehirn dazu, Anti-Raucher-Kampagnen tendenziell auszublenden. Das ist ein Grund dafür, warum Forscher an der Wirksamkeit von Schockbildern auf Zigarettenschachteln zweifeln. Jemand, der raucht, »übersieht« die Bilder eher oder er entwickelt andere Strategien, deren Botschaften zu neutralisieren. Zum Beispiel indem er sich Pappüberzieher für seine Zigarettenpackungen kauft.

Ein genauerer Blick auf diese Filter zeigt, worin die Herausforderungen in unserem Alltag bestehen. Jeder interpretiert Informationen entsprechend seiner persönlichen Filter. Doch durch welche Filter wir wahrnehmen, hängt von vielen unterschiedlichen Faktoren ab. Zum Beispiel von unserer individuellen Ausbildung/Allgemeinbildung, unseren Erfahrungen/Erlebnissen/Einstellungen, unseren aktuellen Bedürfnissen/Interessen, dem Grad unserer Aufmerksamkeit/Ablenkung sowie unseren ganz persönlichen körperlichen und geistigen Voraussetzungen. All diese Faktoren sind bei jedem Menschen anders. Und stellenweise wechseln sie auch noch im Sekundentakt. Genauso schnell wie unsere aktuellen Bedürfnisse/Interessen eben wechseln können. Und weil jeder Mensch nur eine begrenzte Aufmerksamkeitsspanne hat, lautet die logische Folge: Unsere Wahrnehmung ist lückenhaft und selektiv und dadurch sehr anfällig für Fehler.

Kein Problem für unser Gehirn. Egal wie groß die Lücke, das Loch wird gestopft. Und hier kommt der entscheidende Faktor: Unser Gehirn füllt diese Wahrnehmungslücken mit der Information auf, die es für »am wahrscheinlichsten richtig« hält. Und was unser Gehirn für »am wahrscheinlichsten richtig« hält, das hängt ab von unseren Erfahrungen, Erlebnissen, Einstellungen, von Ausbildung, Allgemeinbildung, Interessen, Bedürfnissen …

Und genau so kommt es, dass unsere Wirklichkeit nicht zwingend auch die Wirklichkeit des anderen ist. Die Art und Weise, wie wir Situationen erleben, interpretieren und bewerten, schafft unsere Realität. Unsere Glaubenssätze und Überzeugungen wirken dabei wie ein Katalysator. Das, woran wir glauben, ist in diesem Moment die Wahrheit für uns. Und wird weiter bestätigt. Unser Gehirn sucht ständig nach Beweisen für seine Überzeugungen. Je nach unserem Filter. Wir googeln geistig den ganzen Tag nach Belegen für unsere Glaubenssätze. Und natürlich finden wir davon auch reichlich. Denn bei Google findet sich immer etwas. Diese Belege bestärken uns dann in unserer Überzeugung, und so merken wir gar nicht, dass wir das Tempo, mit dem wir in die Sackgasse fahren, ständig erhöhen. Wir haben einfach immer recht. Und wenn das mal nicht so sein sollte, dann war das eben die berühmte Ausnahme von der Regel.

Aufgefüllt wird also nicht zwangsläufig mit Fakten, sondern unter Umständen auch mit Fiktionen. Diese psychologische Falle gilt es bei der Bewertung von Informationen stets zu berücksichtigen. Unsere Wahrnehmung ist das Ergebnis unseres subjektiven Filter- und Bewertungssystems. Das ist auch einer der Gründe dafür, warum der Sprachprofiler bei der Frage, ob eine Formulierung gewöhnlich oder ungewöhnlich ist, niemals von sich selbst ausgehen sollte. Wer besser verstehen möchte, was der andere wirklich sagt, sollte immer auch versuchen, dessen Wahrnehmungsrahmen zu verstehen.

Dazu versuchen Sie, sich in Ihr Gegenüber und dessen Lage möglichst gut hineinzudenken. Seine Perspektive zu erkennen und diese ebenfalls einzunehmen. Genau wie der Profiler versucht, sich in die Person des Täters hineinzuversetzen. So zu fühlen, so zu denken, so zu handeln, wie der Täter das mit großer Wahrscheinlichkeit getan haben muss. Denn ein Kriminalist, der bei seinen Ermittlungen nur von sich ausgeht, hat von Anfang an keine Chance auf Erfolg.

Kommunikationstipps vom Sprachprofiler

- Unsere Wahrnehmung ist selektiv und lückenhaft. Unser Gehirn füllt diese Wahrnehmungslücken mit der Information auf, die es für »am wahrscheinlichsten wahr« hält. Das könnten Fakten, aber auch Fiktionen sein.
- Entwickeln Sie ein Bewusstsein dafür, dass unsere Wahrnehmung niemals eine originalgetreue Abbildung der Wirklichkeit ist, sondern ein gefilterter Ausschnitt.
- Wenn Sie besser verstehen wollen, was der andere wirklich sagt, versuchen Sie, auch seine Wahrnehmungsfilter zu verstehen.

»Sprache enthält immer Spuren aus der Vergangenheit – und diese lassen sich zurückverfolgen.«

Patrick Rottler

TATORT TESTAMENT: OMA IRMGARDS VORLETZTER WILLE

In ihrem Testament hat Oma Irmgard alles bestens geregelt. Trotzdem erlebt die Familie nach ihrem Tod eine böse Überraschung.*

»Sie sind vielleicht nicht von großem Wert, aber sie kommen von Herzen …«. Ein Satz, der einschlug wie eine Granate. Die vorgelesenen Worte hallten in Ottos Gedanken. »… nicht von großem Wert … nicht von großem Wert … nicht von großem Wert …«. Sie wurden aber nicht leiser, sondern lauter. Sein Kopf war zornesrot, als wäre etwas in ihm explodiert. Es hatte keine Zehntelsekunde gedauert, bis er die ganze Tragweite erkannt hatte. »Das ist nicht sein Ernst!?«, stutzte er ungläubig. »Den mache ich fertig!«

Ein Blick in die Runde verriet, dass er nicht der Einzige war, bei dem der Schock tief saß. Keiner hier nagte am Hungertuch. Aber auch keiner hier wollte 500.000 Euro verschenken. Erst recht wollte sich keiner hier um solch einen Betrag betrügen lassen. Oder wie in diesem Fall, sich für eine halbe Million Euro für dumm verkaufen lassen.

Oma Irmgard hatte das Leben genossen. Sie durfte im Kreise ihrer Lieben einschlafen. Ruhig und friedlich, zu Hause, in ihrem eigenen Bett. In ihrem Wohn-Schlaf-Kreativ-Atelier unter dem Dach. Es war der schönste und größte Raum des Anwesens, nachträglich ausgebaut, voll und ganz nach ihren Vorstellungen. Sie liebte diesen Ort und vor allem die große Panoramascheibe, mit Blick auf die Alpen.

Geld war nie ein Sorgenthema gewesen. Ihr Mann Karl, der zweiundzwanzig Jahre vor ihr gehen musste, hatte ihr ein dickes Polster

* Bearbeitet und sprachwissenschaftlich gelöst durch Prof. Dr. Raimund Drommel.

hinterlassen. Nach dem Krieg hatte er aus einer einfachen Kiesgrube einen stattlichen Baustoffhandel aufgebaut. Am Ende war King Karl, wie er hinter seinem Rücken genannt wurde, Herr über zwei mittelständische Unternehmen und vier Baggerseen. Das Vermögen wurde nie zur Schau gestellt. Nicht, als er noch lebte, und erst recht nicht danach. Dass Oma Irmgard Kunst gesammelt hatte, wusste zum Beispiel kaum jemand im Ort.

Schon kurz nach dem überraschenden und viel zu frühen Tod von Karl hatte sie ihren Nachlass geregelt. Und dabei hatte sie alles richtig gemacht. Testamente müssen aus gutem Grund bestimmte formale Voraussetzungen erfüllen. Sie müssen eigenhändig und handschriftlich geschrieben sein, von der ersten bis zur letzten Zeile. Unterschrieben mit Nachnamen und Vornamen. Oder notariell beglaubigt. Und trotzdem musste ihre Enkelin Birgit nach der Eröffnung des Testamentes eine böse Überraschung erleben.

Die Unternehmen samt Baggerseen gingen an die beiden Söhne Otto und Winfried. Die Enkelinnen Birgit und Brigitte bekamen je eines der Häuser, samt Kind und Kegel. Also mit allem Inventar. Dazu zählten auch die Kunstgegenstände. Die Bilder und Büsten, die Skizzen und Skulpturen, der Schmuck und die anderen kleinen Schätze. So war es mit allen abgestimmt. Birgit das Stadthaus, Brigitte das Landhaus. Alles war verteilt, niemand ging leer aus. Das war Oma Irmgards letzter Wille. Der allerletzte. Aber an eine Sache hatte sie nicht gedacht. Eine winzige Kleinigkeit, die noch für großen Unmut sorgen sollte.

Was Männer anging, hatte es Oma Irmgard in den letzten fünfzehn Jahren noch einmal ordentlich krachen lassen. Einige Jahre nach dem Tod von Karl hatte sie beschlossen, dass ihr Leben weitergehen musste. Sie war eine attraktive ältere Dame, vermögend und unterhaltsam, und so war es nicht verwunderlich, dass auch der ein oder andere Verehrer ihr den Hof machte. Man könnte auch sagen, Oma Irmgard war kein Kind von Traurigkeit. Sie genoss es, von ihren Männerbekanntschaften umgarnt zu werden. Einer ihrer langjährigen Wegbegleiter in dieser Zeit war Ludwig, auch Kunstsammler und Galerist. Achtundsiebzig, rüstig, ein Gentleman, humorvoll, verschmitztes Lächeln, immer zuvorkommend. Wie sich nach ihrem Tod noch herausstellen sollte, hatte er auch noch eine andere Seite. Diese war feist, verschlagen und verlogen. Nächtelang hatten beide bei Rotwein und Likör über das Leben im Allgemeinen und die Kunst im Besonderen philosophiert. Er ging in ihrem Haus ein und aus, war zum Freund der Familie geworden. Für die Verkaufsausstellung seiner Galerie, die nur noch »nach Vereinbarung« geöffnet hatte, hatte sie ihm eine Leihgabe gemacht. Zwei Bilder von einem großen deutschen Meister und eine hüfthohe Büste aus Bronze. »Um Käufer für Ludwigs alte Schinken anzulocken …«, wie Oma Irmgard einmal lachend erwähnt hatte.

Auf der Beerdigung hatte Ludwig eine kurze, aber sehr bewegende Rede gehalten. Im Kern ging es dabei um ihre Großzügigkeit, aber auch um die Überraschungen, für die sie immer gut war. Reden konnte er, die Ansprache war mehr als gelungen, gewürzt mit einem guten Schuss Humor. Aber der Situation sehr angemessen. So kannte man ihn. Er war ihr in den letzten, schwierigen Monaten ein treuer Begleiter gewesen und hatte sie nun würdig verabschiedet.

Als dann auch alle Formalitäten, Behördengänge und Bankangelegenheiten erledigt waren, gab es für die Angehörigen noch einen letzten Weg zu gehen: Die Leihgaben aus Ludwigs Ladenräumen zurück zur Familie zu führen. Zu Birgit, der sie zustanden. Die Bilder hingen dreißig Jahre lang im Stadthaus und gehörten dort zum Inventar. Gehörten … Denn auf einmal wurde das bestritten.

Als Birgit mit einem Kombi, mit bereits umgeklappten Rücksitzen und einer Rolle Luftpolsterfolie zu Ludwig fuhr, erlebte sie die böse Überraschung. Oma Irmgard hatte die wertvollen Exponate offensichtlich schon lange vor ihrem Tod an Ludwig vermacht. Genauer gesagt: verschenkt. Die Familie war immer davon ausgegangen, dass es sich lediglich um Leihgaben gehandelt hatte. Also verliehen, nicht verschenkt. Doch Ludwig behauptete das Gegenteil und konnte das beweisen. Statt der Kunstwerke bekam Birgit nur einen Brief zu sehen. Maschinengeschrieben und signiert. Handschriftlich von Oma Irmgard persönlich.

Rodgau, im Dezember 2005

Mein treuer Ludwig,

Es ist drei Jahre her seit mein lieber Karl gestorben ist. Das war keine leichte Zeit nach 45 Jahren Ehe. Es schmerzt auch heute noch jeden Tag.

Um so wichtiger sind mir meine Freunde. Du lieber Ludwig, bist der treueste den man haben kann. Deiner Unterstützung konnte ich mir immer sicher sein.

So wie der Schwan die Jungen mit seinen Flügeln schützt. Als heller Stern im dunklen Wasser. Es könnte kein schöneres Bildnis für unsere Freundschaft geben.

Das Bild von der Jagd soll dich an unsere Abenteuer erinnern. Das Pilze sammeln im Forst mit Raudi. Unser Ausflug nach Norwegen.

Sie haben vielleicht keinen großen Wert aber sie kommen von Herzen. Du wirst einen passenden Ort für beide finden.

Danke für Deine Freundschaft

In tiefer Verbundenheit

Deine Irmi

Dieser Text entspricht sinngemäß dem originalen Brief, Namen wurden geändert, Fehler wurden dem Original entsprechend sinngemäß übernommen.

Statt »treuer Ludwig« zu sagen, hatte sich Birgit verlesen: »teurer Ludwig«. Und so sollte es auch kommen. In diesem Brief wurde die Schenkung zwar nicht beim Namen genannt. Aber man konnte sie deutlich zwischen den Zeilen lesen. So zumindest Ludwigs Ansicht. Zur Bronze gab es einen weiteren Brief, der deutlich klarer formuliert war. Hier gab es keinen Interpretationsspielraum. Die Büste »Mann mit Stock« war ein Geschenk von Oma Irmgard an Ludwig. Er solle die Bronze, wie auch die beiden Bilder, in Ehren halten.

Ludwig hatte Birgit auf der Türschwelle abgefertigt. Die Briefe hatte er griffbereit, den Ausstellungsraum ließ er sie nicht einmal betreten. Allerdings hatte sie durch die Schaufenster schon erkannt, dass die Bilder nicht mehr dort hingen, wo sie bislang waren. Ludwig war kurz angebunden. Für keinerlei Gespräch offen und er wollte auch die Briefe nicht herausgeben. Für ihn war die Sache klar und er betrachtete Birgits Besitzanspruch als bodenlose Unverschämtheit. »Deine Großmutter würde sich im Grabe umdrehen, wenn sie mitbekäme, wie du dich mir gegenüber verhältst!«, hatte er ihr noch hinterhergezischt.

In der Familie bestand kein Zweifel daran, dass Ludwig hier link spielte. Diese Briefe mussten gefälscht sein. Es folgte eine Strafanzeige wegen Betrug, Unterschlagung und Verdacht auf Urkundenfälschung. Allein die Skulptur war geschätzte 250.000 Euro wert. Das war allen klar, erst recht Oma Irmgard. Und mit jedem zehnten Todestag des Künstlers würde sie im Wert weiter steigen. Doch noch schmerzhafter wäre der Verlust des Schwanes gewesen.

Das Bild vom Schwan und seinen Jungen hätte Oma Irmgard garantiert niemals aus der Familie gegeben. Vorher hätte sie ihr letztes Hemd gegeben. Es war Birgits Bild. Schon als sie ein kleines Mädchen war, hatte es eine ungeheure Faszination auf sie ausgeübt. Bei jedem Besuch stand Birgit aufs Neue vor der Leinwand. Ihr waren Details aufgefallen, die außer ihr niemand zuvor entdeckt hatte. Kleine, versteckte Geschenke des Künstlers. Der kleine Frosch auf der Seerose. Die Libellenfamilie im Schilf, das silberne Fischchen unter der Wasseroberfläche. Die winzige Mücke, die sich im Tautropfen spiegelte. »Irgendwann ist das mal deines«, hatte Oma Irmgard jedes Mal gesagt, wenn sie wieder davorstand und nach weiteren versteckten Miniaturen des Malers suchte.

Durch die Akteneinsicht kam die Familie dann an Ludwigs Briefe. Die Staatanwaltschaft hatte die Originale. Ein Gutachten sollte klären, ob die Unterschriften tatsächlich von Oma Irmgard stammten, oder ob sie, wie vermutet, gefälscht waren. Den ersten Brief hatte sie nur mit »Deine Irmi« unterschrieben, wie sie von älteren Freunden gelegentlich gerufen wurde. Den zweiten hatte sie mit ihrem Vornamen Irmgard gezeichnet. Nicht besonders viel Fleisch für einen Gutachter. Entsprechend mager fiel das Ergebnis aus. Untersucht wurden Strichbeschaffenheit, Druckgebung, Bewegungsfluss, Bewegungsführung und Formgebung, Bewegungsrichtung, vertikale und horizontale Ausdehnung sowie die Aufgliederung der Flächen insgesamt. Die Unterschriften stammten »mit leicht überwiegender Wahrscheinlichkeit« von ihr, wie der Gutachter bewertete. Die Skala hätte nach oben noch deutlich mehr Luft gehabt: »mit überwiegender Wahrscheinlichkeit«, »mit hoher Wahrscheinlichkeit«, »mit sehr hoher Wahrscheinlichkeit« und »mit an Sicherheit grenzender Wahrscheinlichkeit«. Wobei die höchste Stufe »mit an Sicherheit grenzender Wahrscheinlichkeit« bei der Untersuchung von Handschriften, genau wie bei der Forensischen Textanalyse, so gut wie nie vergeben wird. Es handelte sich also um eine sehr schwache Aussage. Und dennoch ging der Punkt an Ludwig.

Der Anwalt der Familie hatte es so formuliert: »Wenn sie die Werke zu Lebzeiten verschenkt hat, dann sind sie nicht mehr Teil der Erbmasse. Hätte sie die Exponate im Testament einzeln benannt, wäre unsere Ausgangslage jetzt besser.« Das hatte sie aber nicht getan. Genau das war der Haken. Jedem war klar, dass die Briefe Fälschungen sein mussten. Aber der Nachweis war offensichtlich nicht so leicht zu führen wie zunächst erhofft. Und das, obwohl sich Oma Irmgards gewöhnlicher Schreibstil schon auf den ersten Blick extrem von den beiden Schenkungsbriefen unterschied:

Bad Abbach, 15.08.2017

Liebste Brigitte,
liebster Udo

Euer Besuch hat mir so viel Freude bereitet und so gut getan, das könnt ihr euch gar nicht vorstellen, ich bin so stolz auf euch und eure kleine Maus und als frischgebackene Uroma. Ihr seid so tolle Eltern, die Kleine ist dir, lieber Udo, wie aus dem Gesicht geschnitten, mit ihren lachenden Augen und den dunklen Haaren und sie hat deine, liebste Brigitte, Energie und deinen Bewegungsdrang. Ich freue mich wenn die Kur im September zu Ende ist und ich wieder zu Hause in Rodgau sein kann, die Hitze ist zu Hause leichter zu verkraften und ich freue mich auf unsere gemeinsamen Sonntage!

Küsse

Eure Omi Irmi

Dieser Text entspricht sinngemäß dem originalen Brief, Namen wurden geändert, Fehler wurden dem Original entsprechend sinngemäß übernommen.

Von der Familie Heinrich erhielten wir die Kopien der beiden fraglichen Briefe und tonnenweise geschriebene Texte, die nachweislich von Irmgard Heinrich stammten. Damit war es sehr einfach, den Verdacht zu begründen, warum es sich bei den beiden Schenkungsbriefen mit sehr hoher Wahrscheinlichkeit um Fälschungen handeln musste. Und zwar auch noch um ziemlich plumpe. Hier hatte sich jemand zu sehr um die Handschrift der Unterschriften gekümmert und dabei komplett die Muster der Sprache außer Acht gelassen. Vielleicht weil die Aussicht auf die Beute ihm das Denken vernebelt hat oder weil sie ihm einfach nicht bewusst waren.

Wenn Oma Irmgard in Fahrt war, redete sie ohne Punkt und Komma. Und annähernd so schrieb sie auch. In langen und verschachtelten Sätzen, die teilweise ganze Absätze füllten. Mit vielen Kommata und vielen »und«. Selbst bei geschäftlichen Briefen behielt sie diesen Stil bei. Bei formelleren Schreiben leistete sie sich etwas weniger Gedankensprünge als bei privateren Nachrichten. Im Gegensatz dazu waren beide Schenkungsbriefe in kurzen und prägnanten Sätzen formuliert. Thematisch nach Absätzen getrennt. Weder in dem einem noch im anderen der Briefe tauchte ein einziges »und« auf. Auch mit Kommata wurde gespart. Diese wurden ausschließlich nach Vornamen gesetzt. Und das waren nur die Unterschiede, die auf den ersten Blick sichtbar waren. Nach der Analyse aller Textebenen kamen wir zu dem Schluss, dass die beiden Briefe ohne vernünftigen Zweifel nicht von Irmgard Heinrich stammten.

Die noch interessantere Frage war, ob wir auch Indizien dafür finden würden, dass Ludwig selbst die Briefe verfasst haben könnte. Über seinen Anwalt hatte er mitteilen lassen, dass Irmgard Heinrich ihm die Briefe jeweils mit den Exponaten übergeben habe. Glücklicherweise lag auch von ihm ausreichend Vergleichstextmaterial vor. Von seinen Reisen hatte er seiner Irmi teilweise vier bis fünf Seiten lange Erlebnisberichte geschickt. Auf dem damals üblichen, besonders dünnen Luftpostpapier, samt rot-blau umrandeten Luftpostpapier-Briefumschlägen. Über Jahre hinweg verbrachte er jeweils vier bis sechs Wochen zunächst in Afrika, später in Indien.

Auch Ludwigs private Briefe an Irmgard waren sehr strukturiert und in Blöcke von jeweils drei bis fünf Zeilen untergliedert. Jeder Gedankengang war in einem eigenen Absatz zusammengefasst.

Dabei bestand kaum ein Satz aus mehr als acht bis zehn Wörtern. Deshalb hatten auch in seinen Vergleichstexten »und« und Kommata einen hohen Seltenheitswert. Eines von mehreren Merkmalen, die noch deutlicher für seine Täterschaft sprachen, war, dass er Nominalisierungen wie »Kirschenessen« oder »Holzhacken« getrennt schrieb, nämlich »Mit dem ist nicht gut Kirschen essen«, »Nach dem Holz hacken …«, »… beim Parkplatz suchen …«. Genau wie im gefälschten Brief »Das Pilze sammeln im Forst …«. Während Oma Irmgard Nominalisierungen durchgängig zusammenschrieb: »das Wimpernzupfen«, »das Händewaschen« und »beim Blumengießen«.

Das Gutachten landete in diesem Fall übrigens nie vor Gericht. Auch die Staatsanwaltschaft bekam es nicht zu sehen. Es wurde Ludwig an einem Freitagnachmittag über den Anwalt der Familie Heinrich zugestellt. Unsere Belegführung wirkte offensichtlich so erdrückend, dass alle drei Kunstwerke am Montag darauf wieder zurück bei der Familie waren. Angeliefert durch eine Spedition, an Birgit Heinrich. Der Anwalt von Ludwig legte Wert darauf festzustellen, dass die Rückgabe kein Eingeständnis einer Schuld sei. Vielmehr wolle sein gesundheitlich angeschlagener Mandant seine Zeit nicht mit Rechtsstreitigkeiten vergeuden. So blieb es auch am Ende eine böse Überraschung. Doch das Blatt hatte sich gewendet … und Oma Irmgard bekam doch noch ihren letzten Willen. Ihren allerletzten!

»Sprachliche Spuren können mehr über den Täter aussagen als sein eigener Fingerabdruck!«

Leo Martin

EXKURS:
WAS UNSERE SPRACHE ÜBER UNS VERRÄT

DIE KUNST, MENSCHEN ZU LESEN

Will mein Partner Spannung, Spiel und Spaß – oder Sicherheit? Geht Felix gern ins Detail – oder interessiert ihn nur das große Ganze? Ist sie jetzt lieber allein – oder braucht sie Beistand, Bestärkung und Bestätigung? Kauft mein Kunde – oder nicht? Macht es Sinn, noch mehr Zeit in ihn zu investieren? Was könnte ihn dazu bringen, sich doch noch für mein Angebot zu entscheiden? Sind alle im Team auf Linie – oder muss noch irgendwo nachgesteuert werden? Welchen Rahmen muss ich schaffen, damit Herr Schuhmacher aus der Buchhaltung seine PS endlich auf die Straße bringt?

Wir Menschen sind alle verschieden. Aber das Schöne ist: Gewisse Gemeinsamkeiten und Tendenzen gibt es dennoch. In vielen Firmen werden Führungskräfte und Vertrieb oft wochenlang trainiert, um Menschen, deren Verhaltensweisen und Motive möglichst zutreffend zu lesen. Denn wer das Motiv des anderen kennt, weiß auch, wie er sich selbst am besten verhält, damit er sein Ziel erreicht. An dieser Stelle wird gern viel Geld in die Hand genommen, weil es sich am Ende auszahlt.

DIE SPRACHE ALS SPIEGEL UNSERER PERSÖNLICHKEIT

Unterschiedliche Persönlichkeitstypen haben unterschiedliche Motive, Dinge zu tun oder zu lassen. Deshalb treffen sie unterschiedliche Entscheidungen und verhalten sich auch unterschiedlich. Selbst wenn sie in derselben Situation stecken wie wir, können ihre Entscheidungen deutlich von unseren abweichen. Genau wie ihre Vorstellungen, Vorlieben oder Ängste. Ob uns das logisch/sinnvoll/angemessen vorkommt oder nicht, das spielt keine Rolle! Es ist, wie es ist! Das ist auch einer der Gründe dafür, warum die goldene Regel »Behandle jeden so, wie du selbst behandelt werden möchtest« zwar als moralischer Kompass dient, aber im Umgang miteinander nicht immer ins Schwarze trifft. Viel zu oft sind wir im Alltag mit Menschen konfrontiert, deren Entscheidungen wir nicht verstehen können, weil sie einfach so grundlegend anders ticken als wir selbst.

Eine der großen psychologischen Fallen ist es, anzunehmen, der andere müsste so denken, wie wir das auch tun. Wäre das wirklich der Fall, wäre das Leben einfach. Es gäbe keine Missverständnisse, keine Konflikte, und Sie bräuchten dieses Buch nicht lesen. Man könnte auch sagen, das Leben wäre langweiliger. Und wir würden viele Potenziale verschenken. Denn jeder Persönlichkeitstyp hat am Ende auch andere Stärken. Und unterschiedliche Situationen erfordern gelegentlich unterschiedliche Fähigkeiten: pragmatisches Handeln, Empathie, Perfektion oder Kreativität.

Die gute Nachricht ist: Andere zu lesen, ist kein Buch mit sieben Siegeln. Und wer weiß, worauf er achten sollte, hat es sehr viel leichter im Umgang mit seinen Mitmenschen. Wir alle können das trainieren. Auf die geheimen Muster der Sprache zu achten, ist dabei einer der Schlüssel. Bevor wir jedoch versuchen zu erkennen, was unserem Gegenüber wichtig ist, macht es Sinn, zunächst einmal zu sehen, wie wir selbst ticken.

PERSÖNLICHKEITSTEST

Jede der folgenden zwanzig Zeilen enthält vier Begriffe. Kreisen Sie in jeder Zeile den Begriff ein, der Sie am besten beschreibt. Folgen Sie dabei Ihrem ersten Impuls und wählen Sie in jeder Zeile nur einen Punkt aus.

TEST: Meinen Kommunikationsstil analysieren				
1	enthusiastisch	neugierig	entspannt	energiegeladen
2	zurückhaltend	unterhaltsam	mutig	geduldig
3	ahne Probleme im Voraus	löse Probleme pragmatisch	löse Probleme mit Rücksicht auf andere	untersuche Probleme genau
4	beziehungsorientiert	sachorientiert	zukunftsorientiert	handlungsorientiert
5	habe eine Mission	mache genaue Zeitpläne	bringe Menschen zusammen	halte mich an Fristen
6	zuverlässig	inspirierend	entscheidungsfreudig	rücksichtsvoll
7	überprüfe, ob Ergebnisse stimmen	bin fokussiert auf Ergebnisse	bringe schnell Ergebnisse	stelle Beziehungen über Ergebnisse
8	charismatisch	zupackend	ausgeglichen	konzentriert
9	liebenswürdig	schnell	charmant	gereift
10	systematisch	anspruchsvoll	emotional	teamfähig
11	spontan	fleißig	dynamisch	tolerant
12	gesellig	organisiert	diplomatisch	selbstsicher
13	pünktlich	überzeugend	zuvorkommend	direkt
14	mache ungern Fehler	stehe gern im Mittelpunkt	willensstark	kann gut zuhören
15	loyal	lebhaft	unabhängig	sorgfältig
16	liebe Abwechslung	gut gelaunt	detailorientiert	verständnisvoll
17	hilfsbereit	risikofreudig	hartnäckig	selbstbeherrscht
18	übernehme gern die Initiative	bin offen für Ideen	bin nicht nachtragend	möchte meine Aufgaben gut machen
19	kollegial	vorsichtig	optimistisch	durchsetzungsfähig
20	kann andere begeistern	integriere andere	übernehme Verantwortung	gehe Konflikten aus dem Weg

hier bitte falzen

ERGEBNIS: MEINEN KOMMUNIKATIONSSTIL ERKENNEN

Kreisen Sie nun auf der folgenden Seite die Begriffe ein, die Sie auf Seite 118 gewählt haben. Die Begriffe sind jetzt an einer anderen Position. Zählen Sie am Ende zusammen, wie viele Punkte Sie in jeder Spalte markiert haben.

	MACHER	KONTAKTER	ANALYTIKER	VISIONÄR
1	energiegeladen	entspannt	neugierig	enthusiastisch
2	mutig	geduldig	zurückhaltend	unterhaltsam
3	löse Probleme pragmatisch	löse Probleme mit Rücksicht auf andere	untersuche Probleme genau	ahne Probleme im Voraus
4	handlungsorientiert	beziehungsorientiert	sachorientiert	zukunftsorientiert
5	halte mich an Fristen	bringe Menschen zusammen	mache genaue Zeitpläne	habe eine Mission
6	entscheidungsfreudig	rücksichtsvoll	zuverlässig	inspirierend
7	bringe schnell Ergebnisse	stelle Beziehungen über Ergebnisse	überprüfe, ob Ergebnisse stimmen	bin fokussiert auf Ergebnisse
8	zupackend	ausgeglichen	konzentriert	charismatisch
9	schnell	liebenswürdig	gereift	charmant
10	anspruchsvoll	teamfähig	systematisch	emotional
11	dynamisch	tolerant	fleißig	spontan
12	selbstsicher	diplomatisch	organisiert	gesellig
13	direkt	zuvorkommend	pünktlich	überzeugend
14	willensstark	kann gut zuhören	mache ungern Fehler	stehe gern im Mittelpunkt
15	unabhängig	loyal	sorgfältig	lebhaft
16	gut gelaunt	verständnisvoll	detailorientiert	liebe Abwechslung
17	hartnäckig	hilfsbereit	selbstbeherrscht	risikofreudig
18	übernehme gern die Initiative	bin nicht nachtragend	möchte meine Aufgaben gut machen	bin offen für Ideen
19	durchsetzungsfähig	kollegial	vorsichtig	optimistisch
20	übernehme Verantwortung	integriere andere	gehe Konflikten aus dem Weg	kann andere begeistern
	Summe:	Summe:	Summe:	Summe:

WAS FÜR EIN PERSÖNLICHKEITSTYP SIND SIE?

Die Anzahl der Punkte verrät Ihnen, in welchem Verhältnis Macher-, Kontakter-, Analytiker- und Visionäre-Eigenschaften auf Sie zutreffen. Die unterschiedlichen Persönlichkeitstypen und ihre Kommunikationsstile beschreiben wir Ihnen im Kapitel »Wie sich unser Persönlichkeitstyp durch unsere Sprache verrät«. Je mehr Punkte Sie in einer Spalte haben, desto mehr treffen die dort beschriebenen Eigenschaften auf Sie zu – vorausgesetzt, Sie haben Ihre Entscheidungen beim Ausfüllen des Tests möglichst unvoreingenommen getroffen. Umso spannender wird gleich die Auswertung. Aber erst zum nächsten Fall …

»Wenn in einem der Vergleichstexte dieselben Sprachmuster auftauchen wie im anonymen Text, dann haben wir unseren Täter.«

Patrick Rottler

HOHE WELLEN IM MAINZER RATHAUS

Angriff auf den Oberbürgermeister: Kurz vor den Wahlen tauchen unglaubliche Anschuldigungen auf. Anonym. Noch unglaublicher ist nur das Ermittlungsergebnis der Sprachprofiler.

Anonyme Vorwürfe gegen Mainzer Stadtvorstand und Stadtgesellschaften

»Korruption« und »Günstlingswirtschaft« – schwere Vorwürfe erhebt ein anonymes Schreiben gegen den Mainzer Stadtvorstand. OB Ebling weist die Vorwürfe entschieden zurück.

Von Dennis Rink

Redaktionsleiter Lokalredaktion Mainz

MAINZ. Ein anonymes Schreiben von angeblich mehreren Angestellten der Stadt Mainz und von stadtnahen Gesellschaften hat am Dienstag das Rathaus erschüttert. In dem fünfseitigen Schreiben werden massive Vorwürfe gegen den Stadtvorstand erhoben. Teils diffus, teils sehr konkret. Oberbürgermeister Michael Ebling verwahrte sich umgehend gegen das Schreiben, das an eine Vielzahl von Medien und auch an die Staatsanwaltschaft verschickt wurde. In dem Schreiben ist davon die Rede, dass sich führende Mitarbeiter mehrerer Stadtgesellschaften der Untreue schuldig gemacht hätten. Es ist von konkreten Immobiliengeschäften die Rede und auch von »Umschlägen mit Schwarzgeld« im Safe einer der Stadtgesellschaften. Im Rathaus gebe es ein Geflecht von »Korruption« und »Günstlingswirtschaft«, heißt es pauschal. An anderen Stellen des Schreibens werden auch sehr konkrete Vorwürfe gegen Mitglieder des Stadtvorstandes erhoben.

Auszug aus der Berichterstattung der Allgemeinen Zeitung vom 26.06.2019.

In dem anonymen Schreiben erheben die Verfasser auf fünf Seiten detaillierte Vorwürfe gegen Oberbürgermeister Michael Ebling. Des Weiteren gegen mehrere Dezernenten der Mainzer Stadtspitze. Die Rede ist von »einem Geflecht aus Korruption und Intransparenz« im Mainzer Rathaus. Als Motiv geben die Schreiber großen Frust, aber auch Scham über die dortigen Vorgänge an: »Wir müssen unserem Gewissen endlich Luft machen«, heißt es in dem Schreiben, »die unhaltbaren Zustände sind für uns nicht mehr hinnehmbar.«

Der grobe Kern der Vorwürfe: Die Stadt Mainz sei durch ein »undurchsichtiges Geflecht an Gesellschaften« zu einem »Selbstbedienungsladen mit Vollversorgung mutiert«. Bei der Vergabe von öffentlichen Stellen gelte »Günstlingswirtschaft«, es existiere ein Dschungel von gegenseitig abgerechneten Leistungen, »Freundschaftsdienste« würden kurzerhand stadtnahen Gesellschaften in Rechnung gestellt. Im Rathaus gebe es bis in höchste Kreise keine Hemmungen zu tarnen und zu täuschen: »Wir werden ständig genötigt zu tricksen, was das Zeug hält«, schreiben die Verfasser. Die städtischen Beamten seien von den herrschenden Zuständen »zutiefst frustriert«, der Krankenstand »war noch nie so hoch wie zur Zeit«. Aus Angst traue sich aber »keiner, den Mund aufzumachen«. Die Verfasser betonen mehrfach, sie könnten ihre Vorwürfe mit Zahlen, Daten und Fakten beweisen, alles sei lückenlos belegbar.

In dem Brief werden dem Oberbürgermeister unter anderem konkrete Vorwürfe rund um den Erwerb einer Eigentumswohnung am Zollhafen gemacht. Es geht um Vetternwirtschaft und Korruption. Andere Vorhaltungen greifen ihn auf einer so privaten Ebene und so weit unterhalb der Gürtellinie an, dass die berichtenden Medien diese Sachverhalte lediglich angedeutet haben.

Die anonymen Verfasser beziehen sich aber auch auf das erweiterte Umfeld des Oberbürgermeisters. Sie schreiben von Querelen im Stadtvorstand und erheben Vorwürfe gegen stadtnahe Gesellschaften. Sie erwecken den Eindruck, sich dringend eine schwere

Last von der Seele schreiben zu müssen. Die Verfasser: »Natürlich schämen wir uns dafür, nicht den Mut zu haben, uns namentlich zu bekennen.« Wie so oft in anonymen Schreiben ... Aus Angst vor beruflichen Nachteilen, obwohl sie legitime Hinweise auf echte Missstände melden? Oder aus Angst vor persönlichen Konsequenzen wegen der wissentlichen Verbreitung von falschen Vorwürfen?

Oberbürgermeister Michael Ebling reagiert sofort und weist die Vorwürfe zurück: »Der heute veröffentlichte anonyme Brief ist ein Sammelsurium an Behauptungen und konfusen Unterstellungen mit dem Ziel, der Stadt, der Verwaltung und den dort handelnden Personen Schaden zuzufügen. Die aufgelisteten Vorwürfe weisen wir mit aller Entschiedenheit zurück und werden diese nicht weiter kommentieren.« Weiter kündigt er an, strafrechtliche Maßnahmen gegen den oder die Verfasser des Briefes einzuleiten. Wie sich noch herausstellen wird, ist das allerdings leichter gesagt als getan ...

Auch die Staatsanwaltschaft Mainz bestätigt den Eingang des anonymen Schreibens. Die Leitende Oberstaatsanwältin Andrea Keller ordnet den Fall für die Medien strafprozessrechtlich ein: Das anonyme Schreiben werde wie eine anonyme Anzeige behandelt. Ein Staatsanwalt werde prüfen, ob der Anfangsverdacht für eine Straftat vorliegt. Dann würden selbstverständlich auch bei anonymen Anzeigen Ermittlungen eingeleitet. Sollte der anonyme Brief allerdings auch falsche Vorwürfe beinhalten, werde gegen den oder die Absender ermittelt. »Möglicherweise in Betracht kämen etwa Ehrverletzungsdelikte oder falsche Verdächtigung«, so Keller. Aber auch das ist leichter gesagt als getan ...

Langjährige und gewissenhafte Mitarbeiter der Stadt Mainz haben sich zusammengetan, um auf untragbare und unhaltbare Missstände innerhalb der Stadtverwaltung aufmerksam zu machen? Den Journalisten Michael Bermeitinger von der Allgemeine Zeitung lässt das anonyme Schreiben gedanklich nicht mehr los. Er liest den Text immer und immer wieder. Die darin enthaltenen Vorwürfe wirken auf ihn teilweise sehr konkret, teilweise dann doch oberflächlich. Einzelne Hinweise kommen ihm nicht stimmig vor. Mitarbeiter der Stadt hätten diese Fehler eher nicht gemacht, mutmaßt er. Oder ist es eine bewusst gelegte falsche Fährte, mit der die Schreiber von sich ablenken wollen. Wenn es überhaupt mehrere Schreiber gibt? …

Zu denken gibt ihm auch der Zeitpunkt der anonymen Anschuldigungen. In wenigen Wochen wird in Mainz der Oberbürgermeister gewählt und Michael Ebling muss sein Amt gegen einen starken Mitbewerber verteidigen. Die heiße Phase des Wahlkampfes hatte längst begonnen. Aus Empfängersicht ein denkbar ungünstiger Zeitpunkt für einen anonymen Angriff. Aus Absendersicht gäbe es vermutlich keinen besseren Moment.

Michael Ebling war für die SPD im Rennen. Aus dieser Perspektive betrachtet fiel auf, dass beispielsweise die CDU von Vorwürfen verschont geblieben war. War das Zufall oder Kalkül? Die Chefin der Mainzer CDU, Sabine Flegel, äußert sich auf Anfrage der Zeitung: »Auch wenn die CDU von den Vorwürfen nicht betroffen sei, trifft uns das natürlich alle. Denn so etwas stärkt unterm Strich nur das Misstrauen gegen das gesamte Rathaus. Und das kann nicht gut sein.«

Fragen über Fragen, keine klaren Antworten, keine Beweise, weder für noch gegen die anonymen Anschuldigungen. Aber dabei bleibt es nicht … Wenig später schlagen in Mainz erneut hohe Wellen auf. Wieder sorgt ein anonymer Brief für Wirbel. Dieses Mal wird der Vorstandschef der Universitätsmedizin Prof. Pfeiffer angegriffen. Und wieder geht das anonyme Schreiben auch an die Medien. Die Allgemeine Zeitung berichtete:

Unimedizin: Anonyme Vorwürfe

Brief wirft Prof. Pfeiffer illegale Doppelfunktion als Vorstandschef und Klinikdirektor vor / Ministerium weist zurück

MAINZ. Die Universitätsmedizin Mainz kommt nicht zur Ruhe. Nach den Diskussionen über Zustand und wirtschaftliche Entwicklung des Klinikums gibt es nun ein anonymes Schreiben mit Vorwürfen gegen den Vorstandsvorsitzenden Professor Norbert Pfeiffer. Darin wird ihm die Schuld an der Lage der Uniklinik zur Last gelegt, die in seiner Ägide immer desaströser geworden sei. Arbeitsverdichtung, sinkende Leistungen in der Krankenversorgung, bauliche Schäden und Mängel an Geräten werden ihm vorgehalten, der Kernvorwurf ist aber ein anderer: Pfeiffer sei gesetzeswidrig in Doppelfunktion als Vorstandschef und als Direktor der Augenklinik tätig. Der Brief trägt den Kopf der Unimedizin (...) Als Absender stehen darunter »Professorinnen und Professoren, Ärztinnen und Ärzte der Universitätsmedizin«.

Auszug aus der Berichterstattung der Allgemeinen Zeitung vom 05.09.2019.

Auch dieser Brief landet auf dem Schreibtisch von Redakteur Michael Bermeitinger. Wieder stechen ihm sofort Widersprüche ins Auge. Inhaltliche Fehler und Rechtschreibfehler. Bei mehreren beteiligten Autoren hätte das doch irgendjemandem auffallen müssen!? So heißt es beispielsweise an zwei Stellen, Prof. Pfeiffer sei drei Jahre im Amt, in Wirklichkeit waren es neunzehn Monate. Auch inklusive seiner Zeit als kommissarischer Leiter wären es lediglich zwei Jahre gewesen.

Diese Auffälligkeit weckt einen Verdacht in ihm. Er sucht in seinen Unterlagen nach dem anonymen Schreiben gegen Oberbürgermeister Ebling. Schnell fällt ihm auf, dass beide Schreiben auffallend ähnlich gestrickt sind: Zunächst wird behauptet, dass besorgte Mitarbeiter die Verfasser seien, dann folgt ein Wust allgemeiner Schuldzuweisungen, um schließlich mit einigen pseudokonkreten, dennoch falschen Angaben Insiderwissen vorzugaukeln. Garniert wird das Ganze in beiden Fällen mit Vorwürfen, die ins Private gehen und verletzen sollen. Vorwürfe, die er als Journalist deshalb niemals ohne gute Gründe eins zu eins zitieren würde.

Beide Briefe enthalten also Fehler, die vermuten lassen, dass hier nicht wirklich mehrere Personen ihre »Sorgen« zum Ausdruck bringen. Fehler, die nach Meinung des Journalisten auch dagegen sprechen, dass hier wirklich kundige Insider am Werk waren. Beispielsweise hatte eine einfache Nachfrage im Wissenschaftsministerium ergeben, dass der Vorwurf gegen Prof. Pfeiffer wegen einer angeblich gesetzeswidrigen Doppelfunktion als Vorstandschef und als Direktor der Augenklinik nicht haltbar war. Tatsächlich war er von seiner Funktion als Klinikleiter beurlaubt. All seine unternehmerischen Aktivitäten bewegten sich deshalb im vertraglich vereinbarten und rechtlich zulässigen Rahmen.

Damit drängt sich der Verdacht auf, dass hier vielleicht ein einziger Anonymus am Werk ist. Einer, der gute Absichten nur vortäuschen, in Wirklichkeit aber zerstören will.

Zu diesem Zeitpunkt kamen wir ins Gespräch mit der Allgemeine Zeitung. Die Frage lautete, ob wir Herrn Bermeitingers Verdacht belegen oder ausschließen könnten. Ob wir über die inhaltliche Ebene hinaus auch Übereinstimmungen auf der sprachlichen Ebene finden würden. In Wortschatz, Grammatik und Sprachstil. Dies könnte den Verdacht deutlich erhärten. Zeitgleich tauchte ein weiteres anonymes, gegen Prof. Pfeiffer gerichtetes Schreiben auf. Aller guten Dinge sind wohl drei. Zugestellt wurde dieser dritte Brief mehreren Einrichtungsleitern und wiederum verschiedenen Vertretern der Presse. Dieses Schreiben schickte Herr Bermeitinger uns gleich mit, obwohl es auf den ersten Blick deutlich weniger Parallelen zu den beiden anderen aufwies.

Unsere Analyse erbrachte ein erstaunliches Ergebnis. Die vergleichende Sprachanalyse hatte gezeigt, dass zwei der Briefe tatsächlich mit hoher bis sogar sehr hoher Wahrscheinlichkeit vom selben Autor stammen. Die beiden Texte wiesen signifikante und systematische Gemeinsamkeiten auf. Gleichzeitig fehlten eindeutige Trenner. Allerdings in einer anderen Konstellation als zunächst vermutet: Es gab Verbindungen zwischen dem ersten Schreiben gegen den Oberbürgermeister und dem zweiten Schreiben gegen Prof. Pfeiffer. Herr Bermeitinger hatte einen guten Riecher bewiesen. Doch noch mehr Übereinstimmungen ließen sich zwischen dem Schreiben gegen Michael Ebling und dem nun neu aufgetauchten Brief gegen Prof. Pfeiffer finden. Wir konnten auf acht DIN-A4-Seiten Merkmale auflisten, die sehr stark für eine identische Autorenschaft sprechen. Da der Schreiber noch nicht überführt ist, deuten wir unsere Befunde hier lediglich oberflächlich an. Auffällig war beispielsweise eine spezifische Schreibweise von Geldbeträgen, eine ganz besondere Art der Hervorhebung von »wichtigen Stellen«, aber auch eine Vorliebe für einen bestimmten Satzeinstieg.

Das Ergebnis unserer Untersuchung hat die Diskussion über die Briefe, deren Urheber und ihre Absichten ordentlich befeuert. Denn die Geschichte von den »gewissenhaften und langjährigen Mitarbeiterinnen und Mitarbeitern«, die ihrem »Gewissen endlich Luft machen«, hatte sich damit erledigt. Alles sprach dafür, dass hier ein Einzeltäter am Werk war, der für mindestens zwei der Schreiben verantwortlich war. Vermutlich sogar für alle drei.

Die Parallelen waren deutlich: Dem Belastungseifer gegen OB Ebling und Prof. Pfeiffer stand ein zur Schau gestelltes Mitgefühl mit Dritten gegenüber. Konkrete Vorhalte sollten suggerieren, dass hier jeweils Insider sprachen. Andere Formulierungen drückten Unsicherheit und Angst aus. Der Leser sollte nicht den Eindruck gewinnen, dass hier ein mit allen Wassern gewaschener Saboteur am Werk war, sondern »stolze Mitarbeiter der Stadt Mainz« bzw. »über 30

Professorinnen und Professoren, Ärztinnen und Ärzte der Unimedizin«. Vorgebliches Insiderwissen blitzte nur an sehr wenigen Stellen auf und erwies sich bei genauerer Überprüfung als falsch. Anonyme Täter bauen gelegentlich gern Fehler in ihre Schreiben ein – dann allerdings in der Regel in der Sprache und nicht in der Sache. Denn das würde sie Glaubwürdigkeit kosten. Und sachliche Fehler gab es in jedem der drei Schreiben.

Hetze gegen Ebling und Pfeiffer von einem Autor

Sprachprofiler entlarven: Bei zwei der drei Briefe gegen OB und Unimedizinchef mit »sehr hoher Wahrscheinlichkeit« gleicher Verfasser / Beim dritten wahrscheinlich

MAINZ. Schmieren, erpressen, Schwarzgeld, Untreue, Korruption, Dienstvergehen, Betrug, Vorteilsnahme – das waren die Vorwürfe eines vierseitigen anonymen Briefs Ende März. Belastet wurden Verantwortliche stadtnaher Gesellschaften, Stadtbedienstete, vor allem aber OB Michael Ebling (SPD). Letzte Woche wurden zwei weitere anonyme Briefe verschickt – Ziel war nun Unimedizin-Chef Professor Norbert Pfeiffer. Absender des Ebling-Briefs waren angeblich zahlreiche »Mitarbeiter der Stadtverwaltung«, der Verfasser eines der Pfeiffer-Schreiben gab vor, er sei ein »höchst besorgter Mitarbeiter der Unimedizin«. Nun entlarven Sprachprofiler dies als Lüge: Der Autor ist in beiden Fällen mit »hoher bis sehr hoher Wahrscheinlichkeit« identisch. Und es gibt gar eine »gewisse Wahrscheinlichkeit«, dass auch der dritte Brief von ihm stammt.

Auszug aus der Berichterstattung der Allgemeinen Zeitung vom 14.09.2019.

Die Allgemeine Zeitung hatte den gesamten Fall von Anfang an begleitet. Bis heute ist ein Ende nicht in Sicht. Denn noch ist der Fall nicht gelöst. Jedoch ist nach unserer Analyse alles anders als davor. Die anonymen Anschuldigungen gegen OB Ebling und Prof. Pfeiffer wiegen durch unser Ermittlungsergebnis nicht mehr so schwer. Denn der anonyme Angreifer ist der Lüge überführt. Und wer einmal lügt, dem glaubt man nicht …

Zum Ergebnis unseres Sprachvergleiches hat Michael Bermeitinger ein Interview mit uns geführt. Seine letzte Frage lautete: »Halten Sie es für möglich, den Schreiber noch zu identifizieren?« Unsere Antwort lautete: »Spannend wird es, wenn Texte auftauchen, die vor diesem Zeitungsbericht entstanden sind und in denen dieselben Sprachmuster auftauchen wie in den anonymen Briefen. Dann haben wir den Schreiber!« Man darf also gespannt sein.

»Ich kann total gut Mitmenschen umgehen!«

Ein eindeutig doppeldeutiger Ausspruch

KAPITEL 4:
WIE SICH UNSER PERSÖNLICHKEITSTYP DURCH UNSERE SPRACHE VERRÄT

Zurück zum Persönlichkeitstest aus dem Exkurs. In der Tabelle »ERGEBNIS: Meinen Kommunikationsstil erkennen« (Seite 121) haben Sie die Markierungen in jeder Spalte zusammengezählt und am Ende unten in der letzten Zeile die jeweiligen Summen eingetragen. Die Anzahl der Punkte verrät Ihnen, in welchem Verhältnis Macher-, Kontakter-, Analytiker- oder Visionäre-Eigenschaften auf Sie zutreffen. Je mehr Punkte Sie in einer Spalte haben, desto mehr treffen die im Folgenden beschriebenen Eigenschaften auf Sie zu.

MACHER SPRECHEN IN KURZEN, KNAPPEN SÄTZEN

Ein Macher, oft auch eine Macherin, ist ein Typ, der schnell und pragmatisch entscheidet. Und zwar immer im Dienste der Sache. Ihm sind schnelle Ergebnisse wichtig. Er will ins Tun kommen. Ins Umsetzen. Und zwar sofort. Geschwindigkeit geht ihm eindeutig vor Perfektion. Wenn 80 Prozent passen, verschwendet er keine unnötige Sekunde in die lästigen letzten 20 Prozent. Aufwand und

Nutzen müssen für ihn in einem effizienten Verhältnis stehen. Sein Interesse gilt seinen Zielen. Erfolg, Ego, Ertrag. Höher, schneller, besser, weiter. Für ihn gilt das Leistungsprinzip.

Manchmal überschätzt er sich ein wenig. »Was habe ich davon?!«, ist eine der Fragen, die er sich selbst am häufigsten stellt. Status und Ansehen sind ihm wichtig. Er tritt sehr selbstbewusst auf. Manchmal dominant. Wenn Druck aufkommt, wird er schnell laut und auch mal aggressiv. Betritt er den Raum, bleibt das nicht unbemerkt. Hier bin ich! Die Scheinwerfer auf mich! Wo ich bin, ist vorn. Und wenn ich hinten bin, ist hinten vorn! Im Mittelpunkt zu stehen ist kein Problem für ihn. Er übernimmt schnell Verantwortung, weil ihn das sichtbar macht. Deshalb auch sein Mut zum kalkulierten Risiko. Natürlich weiß er, dass nicht jeder seiner Meinung ist. Notfalls fährt er auch die Ellenbogen aus. Sich auch gegen Widerstände durchzusetzen spornt ihn an. Er braucht keinen Konflikt. Aber wer bei ihm Konflikt bestellt, der kann ihn haben. Und zwar sofort!

Das Gute am Macher ist, wenn es mal Krach gibt, ist es für ihn wie ein reinigendes Gewitter. Hinterher ist die Luft wieder klar und alles ist fein. Zwischen Blitz und Donnerschlag und dem gemeinsamen Bier danach liegt oft nur eine halbe Stunde. Als Pragmatiker weiß er auch, dass er in Abhängigkeiten lebt. Dass sein Erfolg und sein Wohlgefühl auch von anderen abhängt. Aber wenn er mit Kompromissen leben muss, dann mit den bestmöglichen. Nach seinen Regeln. Der Macher hat sein Ziel klar vor Augen und weiß auch, wie er es erreichen kann. Ohne Umschweife, auf dem kürzesten Weg. Er lebt in der Gegenwart, im Augenblick. Ihn interessiert, was jetzt ist und was morgen kommt. Was in ferner Zukunft passieren mag, berücksichtigt er in seinen Überlegungen kaum. Wenn andere nicht sofort auf den Punkt kommen, wird er schnell ungeduldig. Wenn sie nicht schnell entscheiden, auch, denn Unentschlossenheit ist für ihn eine Schwäche.

Einen Macher von uns, unseren Ideen, einem Produkt oder Projekt zu überzeugen, indem wir ihn mit Detailwissen, Zahlen, Daten und Fakten bombardieren, führt auf den Holzweg. Kurz und knackig auf den Punkt zu kommen ist ein Teil der Lösung. Auch der Versuch, ihn auf der Beziehungsebene zu packen, kann schnell ins Aus führen. Einem Macher müssen wir klarmachen, was er von uns und unserer Hilfe hat. Und zwar schnell. Das sind seine Muster. Im Denken und im Verhalten.

DAS KOMMUNIKATIONSVERHALTEN DES MACHERS

Der Macher spricht sehr selbstbewusst. In kurzen prägnanten Sätzen. Dafür gern mit großen und ausladenden Gesten. Gespräche eröffnet und beendet er, ohne zu zögern. Und wenn ihm der Verlauf nicht passt, ändert er ihn. Er scheut sich nicht, Ansagen zu machen und zu sagen, was er denkt. Er schätzt klare Worte. Deshalb versäumen Sie nicht, deutlich zu sagen, was Sie von ihm erwarten. Unter Meinungsaustausch versteht der Macher: »Du kommst mit deiner Meinung rein … und gehst mit meiner raus!« Steuern Sie deshalb direkt auf Ihr Ziel zu, und sagen Sie dem Macher, um was es geht. Wer kurz, knackig und auf den Punkt mit ihm kommuniziert, hat beste Chancen, gehört zu werden. Es gilt der Grundsatz: »Mit einem Macher kann man über alles reden – aber nicht länger als zehn Minuten!« Langatmige Einführungsreden ermüden ihn und geben ihm das Gefühl, dass das Projekt in den falschen Händen ist.

Auch schriftlich fasst er sich gern kurz. Antworten wie: »Ok!«, »Gern.«, »Passt!« und »Läuft …« signalisieren seine Zustimmung. Diese knappe Form sollten Sie nicht als Desinteresse oder mangelnden Respekt interpretieren.

DIE SPRACHE DES MACHERS

Um einen Macher zu erkennen, achten Sie auf folgende Schlüsselwörter: Kompetenz, Gewinn, Leistung, Herausforderung, Unabhängigkeit, Einzigartigkeit, Ergebnis, Spielraum, Freiraum, steigern, leisten, beschleunigen, gewinnen, anführen, durchsetzen, profitieren, vorangehen, zupacken, direkt, erfolgreich, durchsetzungsstark, kompetent, anspruchsvoll, ambitioniert, gewinnbringend, wirtschaftlich, führend.

KONTAKTER STIMMEN SICH AB

Auch der Kontakter und die Kontakterin wollen – genau wie der Macher – erfolgreich sein. Aber ihnen ist der schnelle Erfolg nicht so bedingungslos wichtig wie dem Macher. Der Kontakter sagt: »Es geht hier nicht nur um die Sache, wir haben es mit Menschen zu tun!« Darum entscheidet der Kontakter auch nicht so schnell und so pragmatisch, wie der Macher das täte. Er braucht mehr Zeit, gesehen zu werden, wie er ist. Er möchte auch die Zeit bekommen, die er braucht, um sein Gegenüber besser kennenzulernen. Denn er hat ein echtes Interesse an den Menschen um sich herum. Die Beziehungsebene ist ihm wichtiger als der nackte Erfolg. Durch sein feinfühliges Wesen spürt er negative Schwingungen sehr schnell und befriedet diese auch gern. Freundschaft hat für ihn einen hohen Wert. Und die braucht Zeit. Er lässt sich nicht gern unter Druck setzen oder hetzen. Lieber schön gemütlich. Und bitte keine abrupten Veränderungen.

Auch Titel sind ihm nicht wichtig, er knüpft auf der persönlichen Ebene an. Seine Stärke ist die Empathie. Ihm fällt es leicht, sich in andere und deren Situation hineinzuversetzen. Er ist ein Vermittler und sehr gut im Ausgleich zwischen Personen oder deren Positionen. Er ist teamorientiert, emotional und berücksichtigt die Interessen anderer. Er ist ein Gerechtigkeitsfetischist und muss nicht immer in der ersten Reihe stehen. Er will gefragt und gehört werden. Beteiligung ist eines der Schlüsselwörter, um den Zugangscode zu ihm zu knacken. Meinungsaustausch ist ihm wichtig. Echter Meinungsaustausch! Meine Meinung, deine Meinung UND wen betrifft das noch? Status und Ansehen treiben ihn nicht übermäßig an. Wichtiger ist ihm die Atmosphäre. Er will sich wohlfühlen. Mit den Dingen um sich herum, ganz besonders mit anderen Menschen und mit sich selbst. Wenn die Stimmung nicht passt, zieht er sich zurück. Genauso wenn Druck aufkommt, zum Beispiel, weil ein Macher sein Ego auspackt. Wenn er sich schlecht fühlt, braucht er Bestärkung und Bestätigung. Keine rationalen Argumente. Und keine schnellen Lösungen. Die Lösung kommt für ihn dann von allein. Irgendwann. Auch hier keine Eile. Der Kontakter hat ein gutes Gedächtnis: Wie ist das noch ausgegangen neulich mit Tom und Lisa auf der Party? … Kontakter beziehen sich gern auf die Vergangenheit. Sie erinnern sich gern an gemeinsame Erfahrungen und Erlebnisse. Daraus schöpfen sie auch Kraft für die Gegenwart. Erinnerst du dich noch an … Weißt du noch, wie wir damals … Wenn Sie einen Kontakter für sich gewinnen wollen, sollten Sie auf der Beziehungsebene punkten. Das ist der Schlüssel, der in seinem Schloss dreht!

Macher werden im Beisein von Kontaktern übrigens schnell ungeduldig. Weil sie den Eindruck haben, der Kontakter würde nicht auf den Punkt, nicht zur Sache kommen. Auf jeden Fall nicht schnell genug. Auch umgekehrt gibt es Befindlichkeiten. Kontakter fühlen sich mit Machern gelegentlich unwohl, weil sie den Eindruck haben, überrannt, überrollt oder überrumpelt zu werden. Der Sinn für das Zwischenmenschliche kommt ihnen zu kurz. Ego und Ellenbogenmentalität strengen den Kontakter an. Für ihn ist es okay, die eigenen Interessen auch mal zurückzustellen. Wenn er sich ausgenutzt vorkommt, zieht er sich enttäuscht zurück, kampflos – und leckt seine Wunden.

DAS KOMMUNIKATIONSVERHALTEN DES KONTAKTERS

Wenn der Kontakter sich wohlfühlt, ist er gesellig und gesprächig. Wenn er etwas erzählt, dann schweift er gern ab. Wieso seid ihr denn alle so gestresst? Hast du das von Ciara gehört? Wie geht es dem Louis überhaupt? War der nicht erst im Urlaub?

Ihr Grundbedürfnis ist eine Gemeinschaft in Harmonie, sie wollen niemanden enttäuschen. Sie tun alles, um ihre Mitmenschen zufriedenzustellen. Sonst kommen sofort Selbstzweifel auf. Kontakter nehmen Kritik an ihrer Arbeit sehr schnell persönlich. Sie sind sehr unglücklich, wenn jemand etwas an ihnen auszusetzen hat. Dann fühlen Sie sich in ihrer gesamten Persönlichkeit angegriffen. Wenn es etwas zu kritisieren gibt, sollten Sie das schlechte Feedback klar von der Wertschätzung gegenüber der Person trennen. Manchmal braucht man hier Samthandschuhe. Die Leistung ist das eine, der Mensch das andere. Und das Wichtigere. Sprechen Sie trotz aller Kritik auch ausführlich über die vorhandenen positiven Aspekte. Im Verhältnis zu anderen Persönlichkeitstypen ist der Kontakter schnell beleidigt und lange nachtragend. Angreifend wird er erst, wenn alles ganz schlimm für ihn ist.

Auch schriftlich ist er sehr persönlich. Und gern ausschweifend. Social Media macht es ihm leicht, mit allen Menschen, die er mag, im Kontakt zu bleiben. Während der Macher beginnt, sich ein Netzwerk aufzubauen, wenn er es braucht, hat der Kontakter sein Netzwerk dann schon. Er weiß immer, wen er anrufen kann, wenn er irgendein Thema hat. Und dann wird ihm auch gern geholfen.

DIE SPRACHE DES KONTAKTERS

Um einen Kontakter zu erkennen, können folgende Schlüsselwörter hilfreich sein: Wertschätzung, Sicherheit, Vertrauen, Team, Teamgeist, Gemeinschaft, Hilfe, Fairness, Atmosphäre, zusammenarbeiten, bewahren, unterstützen, ausgleichen, weiterhelfen, bestärken, fördern, anerkennen, menschlich, gemeinsam, persönlich, kollegial, harmonisch, familiär, vermitteln, sicher, kontinuierlich, angenehm.

ANALYTIKER ARGUMENTIEREN LOGISCH

Der Analytiker, oft eine Analytikerin, braucht Struktur, Logik, Ordnung. Zahlen, Daten, Fakten. Er trifft Kopfentscheidungen. Und alles ist durchdacht. Der Weg auf der Beziehungsebene wäre für ihn eher der Holzweg. Er würde den Analytiker verschließen wie Fort Knox. Das käme ihm vor wie überflüssige Gefühlsduselei. Ihm sind Gründlichkeit und Genauigkeit wichtig. Während der Macher 80/20 denkt, ist der Analytiker ein Qualitätsfetischist. Er will nicht das schnelle Ergebnis, sondern das perfekte. Denn eine seiner Hauptängste ist es, für seine Arbeit kritisiert zu werden. Das wäre für ihn ein Angriff auf seine Fachkompetenz. Er braucht Klarheit, Gewissheit und Sicherheit. Sonst ist alles nichts. Im Vergleich zu einem Kontakter oder Visionär wirkt er kühler, distanzierter, zurückhaltender. Stiller, ernster und nachdenklicher. Manchmal braucht man etwas länger, um mit ihm warm zu werden. Und er auch mit anderen. Aber wenn eine Beziehung dann erst mal das Gütesiegel hat, ist sie sehr stabil und nicht mehr so leicht zu erschüttern. Trotzdem würde ihn ein Kontakter eher als Einzelgänger bezeichnen. Sein Leben hat Struktur, Ordnung und Planung. Reißen Sie ihn aus diesem System, werden Sie bei ihm scheitern.

Der Analytiker sucht keine Fehler im System, sondern die Fehler springen ihn an. Sie stechen ihm direkt ins Auge. Er sieht sie sofort. Und sie schmerzen ihn auch wie ein Stich. Lieber greift er auf Altbewährtes zurück als auf visionäres Neues. Das ist einer seiner Wege, um auf Nummer sicher zu gehen. Er hat kein Problem mit detaillierten Vorgaben. Auch nicht mit ständig wiederkehrenden Prozessen. So weiß er sofort, ob er sein Ziel erreicht hat oder noch nicht. Er will genau wissen, woran er ist. Klein klein ist nicht nur okay. Klein klein ist wichtig! Deshalb hasst er weiche Formulierungen. »Vielleicht wäre es ganz gut, wenn wir das eine da rüberschieben. Da hinten vorn ... nein, andere Seite ...« Im Gegenzug formuliert er selbst sehr weich. Bis ganz zum Schluss, bis er sich sicher ist. Er hasst es, den Überblick zu verlieren. Oder wenn er zugebombt wird mit Informationen. Wenn Druck aufkommt, ist jeder soziale Kontakt ein potenzieller Stressfaktor. So lange, bis er die Lage wieder im Griff hat. Spontanität lebt er nur in Dingen, in denen er sich sattelfest fühlt. Er überlegt, bevor er handelt. Darum hat das, was er macht, Hand und Fuß. Logisches Denken liegt ihm. Er denkt in Abhängigkeiten, in »wenn« und »dann«. Chaos ist ihm zuwider. Vorsorge und Vollständigkeit mag er lieber.

Emotional fühlt er sich manchmal auf dem Glatteis. Hier fehlen ihm gelegentlich die Bezugsgrößen. Zahlen merken, kein Problem. Bei Namen sieht das schon anders aus. Entscheidungen setzt er eher zögerlich um, das ist auf jeden Fall oft das Empfinden der Macher. Das liegt daran, dass der Analytiker die Konsequenzen seines Handelns bedenkt. Für heute, morgen, übermorgen und den Rest der Zukunft. Er überlegt sehr genau. Und noch ein bisschen genauer. Bloß nichts übersehen! Zudem ist er ein wahrer Meister des Zeitmanagements. Pünktlichkeit ist sein Prinzip. Wenn er im Thema sicher ist, kann er auch dominant auftreten. Aber in der Regel nur dann.

Macher werden schnell ungeduldig im Umgang mit Analytikern. Denn Macher wollen handeln, nicht Bedenken tragen. Sie wollen anfangen und zupacken, nicht planen. Analytiker beurteilen Macher ihrerseits als vorschnell. Was der Macher tut, ist für den Analytiker oft Aktionismus. Wie kann man einfach losstürmen, wenn doch noch gar nicht klar ist, wie das Ergebnis aussehen soll? Viel Wind um nichts! Und hinterher hat man mehr Arbeit damit als notwendig. Weil man alles doppelt und dreifach anpackt. Denkt der Analytiker. Kontakter empfinden Analytiker anfänglich häufig als unterkühlt. Und Analytiker sind zunächst befremdet von der Nähe, die Kontakter suchen. Aber wenn sich das eingespielt hat, ist alles fein.

DAS KOMMUNIKATIONSVERHALTEN DES ANALYTIKERS

Der Analytiker will genaue Informationen, und diese möchte er sprachlich präzise präsentiert bekommen. Genauso drückt er sich auch aus. Er differenziert sehr viel. Und er stellt sehr viele Fragen. Alles, was wichtig ist, wird hinterfragt. Und oft nicht nur das. Der Analytiker liest Bedienungsanleitungen und Besprechungsprotokolle. Und zwar gründlich. Dabei hat man den typischen Macher noch nicht so oft beobachtet. Der Analytiker wühlt sich geduldig durch alle Akten, kennt die relevanten Fachartikel. Perfektion erwirbt er sich, indem er den Dingen auf den Grund geht. Er argumentiert sachlich und tritt meistens zurückhaltend und ernsthaft auf. Kommt Kritik auf, tendiert er dazu, latent aggressiv zu werden. Dann bleiben Sie am besten nüchtern und bringen Ihre Punkte sachlich vor. Wenn man ihn angreift, reagiert er zuweilen rechthaberisch und belehrend. Geben Sie dem Analytiker das, was er mag: exakte Ziel- und Zeitvorgaben, detaillierte Informationen und Diskussionen auf der Sachebene.

Der Analytiker schreibt seitenlange E-Mails. Auf der einen Seite, weil er möchte, dass der Empfänger alles richtig versteht. Auf der anderen Seite, um sich abzusichern. Dem Macher kommen seine E-Mails manchmal endlos vor. Darum liest er sie auch nicht. Er liest sie an. Erster Satz, letzter Satz. Fertig. Außer das Thema hat für den Macher gerade Priorität A. Aber das ist selten.

DIE SPRACHE DES ANALYTIKERS

Um einen Analytiker zu erkennen, können folgende Schlüsselwörter hilfreich sein: Systematik, Klarheit, Qualität, Auswertung, Grundlage, Beweis, Standard, Zeitpunkt, Kontrolle, definieren, vorbereiten, analysieren, optimieren, sichern, sparen, kalkulieren, strukturieren, kontrollieren, fundiert, detailliert, zuverlässig, sorgfältig, umfassend, erprobt, garantiert, komplett, präzise.

VISIONÄRE BESCHREIBEN IN BILDERN

Der Visionär, oft eine Visionärin, wird gern als bunter Vogel beschrieben. Er ist sehr offen für Neues. Neue Ideen, neue Aufgaben, neue Herausforderungen, neue Prozesse und neue Kontakte. Während der Kontakter Kontakte wirklich in der Tiefe lebt, weil ihm der Mensch wirklich wichtig ist, liebt der Visionär auch die Kontakte, die an der Oberfläche bleiben. Wie ein Social Butterfly oder der American Guy: Er mag es, möglichst viele Kontakte in einer möglichst kurzen Zeit zu haben. Von denen können einzelne schon auch mal in die Tiefe gehen. Aber genauso toll ist für ihn alles, was an der Oberfläche bleibt. Ständig gleiche, immer wiederkehrende Aufgaben, die für den Analytiker sehr willkommen sind, würden den Visionär in die Flucht schlagen. Er braucht die Abwechslung. Herausforderungen. Und Spaß. Sonst ist er hier falsch. Der Visionär ist extrem kreativ. Und er ist begeisterungsfähig. Er ist nicht nur überzeugt, wenn ihm eine Idee gefällt, er ist begeistert. Das ist circa 1000 Prozent mehr! Ihm fällt es auch sehr leicht, andere von sich und seinen Ideen zu begeistern. Wenn er für eine Sache brennt, kann ihn nichts aufhalten. Große Planungs- und Vorbereitungsphasen kennt er nicht. Er legt sofort los. Dabei wird aus der Hüfte geschossen. Improvisiert. Und trotzdem läuft es. Mangelnde Vorbereitung setzt ihn nicht unter Druck. Am stärksten ist der Visionär, wenn er einfach ins kalte Wasser geworfen wird. Dann schwimmt er zu Hochform auf.

Leider ist er tendenziell umsetzungsschwach, darum kommt es nicht immer zur Umsetzung. Er hat jeden Tag tolle neue Ideen. Und weil die geniale Idee von heute morgen schon nur noch die zweitbeste Idee von gestern ist, kommt es zu vielem nicht. Der Visionär denkt in die Zukunft. Wobei Zukunft für ihn weder morgen noch nächste Woche ist. Er denkt weit voraus. Alles muss Spaß oder Sinn machen, sonst macht er es nicht. Kommt Druck auf, weicht er aus. Wenn es keinen Spaß macht, verliert er die Lust. Deshalb ist er nicht ganz einfach zu führen. Er ist aber auch der Typ, der es vielleicht am nötigsten hätte. Manche Chefs verzweifeln an visionären Mitarbeitern. Wenn der Visionär von etwas begeistert ist, braucht es auch keine Führung. Dann ist für den Job kein Besserer zu finden. Aber nur dann. Lange Meetings, drei, vier Stunden, jeden Monat – die kann man sich mit einem Visionär sparen. Am besten justiert man immer mal wieder nach. In sehr kurzen Abständen. Zwischen Tür und Angel, an der Kaffeemaschine oder auf dem Weg zum Auto. Wenn Sie zu viel Abstand lassen, entgleitet er Ihnen. Er sieht das große ganze Bild, sobald es zu sehr in die Details geht, steigt er aus. Je mehr Freiheit er bekommt, desto weiter blüht er auf. Das sind die Muster, die sich durch sein Leben ziehen.

DAS KOMMUNIKATIONSVERHALTEN DES VISIONÄRS

Der Visionär spricht in Bildern. Bei ihm heißt Problem: »Das Wasser steht bis zum Hals!« oder »Die Kacke ist am Dampfen«. Er kommuniziert lebhaft. Mimik, Gestik und Körper sind immer mit im Einsatz. Spontanität ist sein Metier. Und Spaß sollte es machen. Auf unangenehme Wahrheiten reagiert er oft ausweichend. Angesprochene Probleme spielt er gern herunter. Seine Strategie ist es eher, vom Problem abzulenken. Negativen Themen begegnet er wachsweich und macht sich schnell aus dem Staub. Falls es etwas zu bemängeln gibt, appellieren Sie beim Visionär am besten an seine Ehre. Sprechen Sie über die positive Wirkung auf seine Mitmenschen. Setzen Sie exakte Ziel- und Zeitvorgaben, diskutieren Sie mit ihm, welche konkreten Aktionen seine Leistung verbessern könnten. Und bleiben Sie auch nach dem Gespräch am Ball und im Gespräch mit ihm. Sonst schwebt er Ihnen davon.

DIE SPRACHE DES VISIONÄRS

Um einen Visionär zu erkennen, können folgende Schlüsselwörter hilfreich sein: Chance, Vielfalt, Weiterentwicklung, Mission, Netzwerk, Innovation, Ideenreichtum, Vorreiter, Service, inspirieren, gestalten, ausprobieren, begeistern, vereinfachen, erleichtern, überraschen, vorantreiben, generieren, abwechslungsreich, neuartig, spielend, lebendig, positiv, zukunftsweisend, genial, berühmt, schön.

Zusammenfassung Menschen lesen

Unterschiedliche Persönlichkeitstypen haben unterschiedliche Motive, Dinge zu tun oder zu lassen. Deshalb treffen sie unterschiedliche Entscheidungen und verhalten sich auch unterschiedlich.
Unterscheiden Sie zwischen den Typen: Macher/in, Kontakter/in, Analytiker/in und Visionär/in.

- Der Macher schätzt Kommunikation kurz, knackig und auf den Punkt. Zeigen Sie ihm, wie er mit Ihrer Hilfe schnell weiterkommt.
- Für den Kontakter zählt die Beziehungsebene mehr als der schnelle Erfolg. Er will beteiligt werden, braucht mehr Zeit für das Zwischenmenschliche und eine gute Atmosphäre.
- Der Analytiker braucht so viele Informationen wie möglich. Zahlen. Daten, Fakten. Nur dann hat er ein sicheres Gefühl.
- Der Visionär liebt Freiheit, Abwechslung und Spaß. Nur wenn er diese Werte leben kann, blüht er auf.

Je ausgeprägter ein Persönlichkeitstyp ist, desto leichter ist er zu erkennen und desto wichtiger ist es auch, ihn genau so zu behandeln, wie sein Typ es verlangt. Deshalb: Behandeln Sie andere nicht so, wie Sie selbst behandelt werden möchten. Sondern behandeln Sie andere so, wie sie behandelt werden möchten. Dann gelingt Kommunikation am besten.

»Wer genug Fakten kennt und diese richtig interpretiert, kann nicht nur die Vergangenheit rekonstruieren, sondern auch die Zukunft voraussagen.«

Leo Martin, Ex-Geheimagent & Kriminalist

DIE UNGLAUBLICHE VORHERSAGE

Opfer oder Täter? Der Sprachprofiler sieht voraus, welche Fehler der Täter in seinem nächsten Schreiben machen wird. Und die Falle ist gestellt ...*

Ein Profiler, der das Verhalten des Täters exakt vorhersagen konnte. In Details, die unglaublich sind. Meiner damaligen Überzeugung nach sogar unmöglich. Das war der überraschendste und cleverste Schachzug eines Ermittlers, den ich bis dato jemals irgendwo gesehen hatte. Und es war mein allererster Berührungspunkt mit der spannenden Welt des Sprachprofilings. In einer Real-Crime-Dokumentation, an einem Dienstag- oder Mittwochabend, auf einem der führenden deutschen Fernsehsender.

Ein Kriminalist, Experte für verdeckte Ermittlungen, der ehemals für den Geheimdienst gearbeitet hatte, erhielt den Auftrag, einen anonymen Täter zu überführen. Besser gesagt, eine Täterin. Seine Ermittlungen wurden dokumentiert, als verfilmte Recherche, mit versteckten Kameras. Echte Täter, deren unfreiwillige Opfer und dementsprechend echte Ermittlungen. Investigativ. Nicht eines dieser Scripted Reality-Formate.

»Solche Bilder schickt sie mir ...« Er hielt seine Hände vor die Brust, als würde er dort zwei mittlere Melonen wiegen. »Und damit hat sie meine Beziehung und mein Leben zerstört.« Das berichtete Nino. Er war der nette, vielleicht etwas tollpatschige junge Kerl von nebenan. In einem Reality-TV-Format hatte er viele Pfunde verloren und wurde so zu einem der großen Publikumslieblinge. Airtime, Anerkennung, Aufmerksamkeit. »Die Zeit nach der Show war wirklich sehr intensiv, es kamen so viele Leute auf mich zu, und die meis-

* Bearbeitet und sprachwissenschaftlich gelöst durch Prof. Dr. Raimund Drommel

ten klopfen einem auf die Schulter, und das ist natürlich überwältigend …«, erinnert er sich im Interview.

Danach kam es, wie es kommen musste, der geschenkte Ruhm verflog so schnell, wie er gekommen war. Es wurde wieder still um den Ex-Star und er musste sich daran gewöhnen, nicht mehr überall im Mittelpunkt zu stehen. Nino kehrte zu einem vergleichsweise bürgerlichen Leben zurück. Mit Familie, Freunden und Freundin, in einer kleinen Stadt in der Nähe von Köln. Alles hätte so schön sein können, wenn ihm dann nicht diese böse Geschichte zum Verhängnis geworden wäre …

Für einen fanatischen Fan war Nino nämlich noch lange nicht abgehakt. Diese junge Frau hatte sich über die Jahre unaufhaltsam in sein Leben gedrängt. Stück für Stück hatte sie dort Raum eingenommen. Erst in einem Rahmen, mit dem man wohl rechnen muss, wenn man sich öffentlich exponiert. Doch dann überschritt sie alle roten Linien. Im Internet nannte sie sich Luisa. Im echten Leben hatte Nino sie lediglich ein einziges Mal persönlich getroffen. Auf einem Fantreffen kurz nach Ende der großen TV-Show. Seitdem bombardierte sie ihn unaufhörlich mit E-Mails und über Facebook. Erst schmeichelte es ihm sogar, doch sehr schnell wurde sie lästig und letztendlich zum Problem. Für ihn und ganz besonders für seine Freundin. Fünf Jahre lang, Tag für Tag. Nino fühlt sich verfolgt: »Sie hat mein Leben so negativ geprägt, dass ich heute nicht mehr der sein kann, der ich möchte, weil sie immer irgendwie präsent ist …«.

Luisa versuchte, Nino mit pornografischen Bildern von sich zu überzeugen, fotografierte ihre Brüste und Genitalien. Immer wieder beleidigte sie auch Ninos Freundin aufs Übelste. Diese hielt ihre eigene Eifersucht und den dadurch empfundenen Psychoterror nicht mehr aus. »Und irgendwann war dann der Ofen aus und die Beziehung zu Ende …«, berichtet Nino bedrückt. Nach vier Jahren wurde er von seiner Freundin verlassen. Von da an entwickelt sich sein Leben zu einem Desaster. »Die Stalkerin hat mir meine Liebe genommen, das hat mir den Boden unter den Füßen weggezogen, ich konnte nicht mehr schlafen … auf der Arbeit lief ich rum wie in Trance … daraufhin habe ich auch meinen Job verloren …« »Wird er seine Stalkerin nie mehr los?«, Nino ist zurück in den Schlagzeilen der lokalen Presse. Dieses Mal als Stalkingopfer.

Ausgestattet mit diesen Informationen erhielt ein Ermittler den Auftrag, die anonyme Luisa zu identifizieren und das Stalking zu beenden. Auf technischem Wege über Facebook, Instagram und Co. war das nicht möglich. Vor dieser Problematik stehen wir bei der Agentur für forensische Textanalyse auch regelmäßig. Die amerikanischen Plattformbetreiber geben die Nutzerdaten ihrer User nicht ohne Weiteres preis. Nicht gegenüber Opfern von Straftaten und auch nicht gegenüber staatlichen Ermittlungsbehörden. Es sei denn, es handelt sich um sehr schwere Straftaten. Aber dazu braucht es schon einen Mord oder mindestens eine Entführung. Bei einfacher Erpressung, bei Verfolgung, Nachstellung bestehen kaum Chancen. Bei falscher Behauptung, Verleumdung und Beleidigung erst recht.

Also musste der Ermittler, ein früherer Agent, einen anderen Weg wählen. Sein erster Ansatzpunkt waren die pornografischen Bilder. Die Stalkerin hatte allerdings immer nur einzelne Körperteile, nie ihren kompletten Körper fotografiert. Und immer ohne Gesicht. Also nutzte der Ermittler eine kaum bekannte Spezialfunktion der Suchmaschine Google. Mit der »Umgekehrten Bildersuche« kann man das Internet mithilfe eines Bildes nach ähnlichen Bildern durchsuchen. So konnte der Ermittler den Ursprung der Bilder ermitteln. Die Aufnahmen stammten aus Amerika und zeigten in Wirklichkeit eine Pornodarstellerin. Nun auch mit Gesicht. Innerhalb von Sekunden wusste Nino, diese Frau ist nicht sein angeblicher Fan: »Nein, ist sie nicht. Das kann ich zu 99,9 Prozent ausschließen. Egal wie sie sich in den letzten fünf Jahren verändert hat.« Der Absender hat bewusst falsche Bilder verschickt. Aber was steckte dahinter? Warum wurde Nino mit diesen Pornobildern bombardiert?

Um »Luisa« zu finden, musste der Ex-Agent wissen, wie sie tatsächlich aussieht: »Nino hat sie vor fünf Jahren gesehen. Vielleicht kann er sie noch beschreiben …«. Ein Phantombild soll den Durchbruch bringen. Ein erfahrener Phantombildzeichner soll versuchen, Luisa ein Gesicht zu geben. Doch dieser Auftrag wird auch für den Profi eine Herausforderung. Nach fünf Jahren dürfte es nicht einfach sein, Ninos Erinnerungen wieder hervorzurufen. So die Theorie und auch die praktische Erfahrung. Doch Nino kann sich selbst nach dieser Zeit noch an jedes Detail erinnern. Von den Augenbrauen hin bis zu den Wangenknochen. Er scheint Luisa deutlich vor Augen zu haben. Luisa, ein Name bekommt langsam ein Gesicht. Nino scheint überwältig zu sein: »Es kommt gerade alles wieder hoch. Die Trennung und was ich alles verloren habe«. Mit hochrotem Kopf und unter Tränen verlässt er den Raum.

Damit ist der Ermittler einen großen Schritt weiter. Jetzt will er Luisa eine Falle stellen. Ihre E-Mails machen deutlich, dass sie Nino ständig beobachtet. Sie muss dicht an ihm dran sein. Sonst könnte sie nicht so viele persönliche Details kennen. Und sie reagiert auf jedes Ereignis in seinem Leben. Und zwar immer sofort …

Eine Liebesgeschichte soll die Stalkerin aus der Deckung locken. Auf Ninos Freundin hatte sie immer extrem abwertend und aggressiv reagiert. Pärchenbilder werden inszeniert. Nino posiert eng umschlungen mit einem attraktiven Model. Ein Model, das Luisa vom Typ her sehr ähnlich ist. Ihr Name ist Eva. Der Agent setzt Ninos Facebook-Status auf »In einer Beziehung« und postet eines der Fotos. Eva lässt er darunter kommentieren: »Morgen Nachmittag Rheinterrassen«. »So zwingen wir Luisa in Aktion. Vielleicht macht sie dann einen Fehler«, erhofft sich der Agent. Und sein Plan geht auf. Luisa reagiert sofort:

Eva?????Oh Nein mein Schatz...Das willst du mir doch bitte nicht antun??!!Möchtest du das ganze Theater wieder von vorne los geht?Nino sein vernünftig!!!!!!!!!!!!

Original Nachricht, Namen wurden geändert,
Fehler wurden übernommen.

Am nächsten Tag schickt der Ermittler Eva und Nino auf die Rheinterrassen. Das Restaurant, der Garten und die Szenerie drum herum werden von einem Team observiert. An allen neuralgischen Punkten befinden sich Posten, ausgestattet mit dem Phantombild von Luisa. Doch als sie auch nach zwei Stunden nicht auftaucht und auch sonst keine Reaktion zeigt, wird die Maßnahme abgebrochen. Noch ahnt der Ermittler nicht, warum Luisa gar nicht auftauchen konnte …

Das Ermittlerteam trifft sich zum Faktencheck. Auf den Fotos, die Luisa geschickt hatte, war nicht sie selbst abgebildet, sondern eine Pornodarstellerin. Und: Obwohl Luisa penetrante Besitzansprüche an Nino stellt, erscheint sie nicht zum Treffen mit seiner vermeintlich neuen Flamme. »Wirklich erstaunlich, wie genau Nino sich nach so langer Zeit noch an jedes Detail im Gesicht erinnern konnte. Das habe ich in meiner dreißigjährigen beruflichen Laufbahn selten erlebt«, so der Phantombildzeichner. Und auch der Ermittler weiß: »Oft haben Zeugen nach zwei Minuten Schwierigkeiten, sich selbst an offensichtliche Auffälligkeiten zu erinnern.« Erste Zweifel werden wach und ein böser Verdacht kommt auf …

In einer Nachtschicht nimmt sich der Ermittler noch einmal alle Nachrichten, Kommentare, Briefe und Postings von Luisa vor. Jeden Text, den er finden kann. Dieses Mal durchforstet er auch die Facebook-Postings und WhatsApp-Nachrichten von Nino. Er weiß nicht wirklich, wonach er gerade sucht. Doch als Ermittler kennt er solche

Situationen nur allzu gut. Viele Ermittlungsansätze drängen sich nicht auf. Wer zu früh aufgibt, vergibt Chancen. Wer die Extrameile geht, gewinnt. Es macht immer Sinn, sich dem Spurenmaterial aus den unterschiedlichsten Richtungen zu nähern. Es aus möglichst vielen Perspektiven zu beleuchten. Auch wenn man am Anfang noch nicht weiß, was am Ende dabei herauskommen soll.

Beim vierten oder fünften Mal durchlesen stechen ihm außergewöhnliche Parallelen ins Auge. Sowohl Luisa als auch Nino verwenden auffällig viele Ausrufezeichen oder Fragezeichen. Die Zeichen tauchen regelmäßig in längeren Ketten auf. Drei (!!!), vier, fünf, sieben oder zehn (!!!!!!!!!!) Stück hintereinander. Einzelne (!) kommen auch vor, jedoch verhältnismäßig selten. Doch nicht nur das. Sowohl Luisa als auch Nino verwenden keine Anführungszeichen, sondern setzen stattdessen jeweils zwei Apostrophe hintereinander (``). Das ist schon deutlich interessanter! Damit heben beide bestimmte Formulierungen hervor oder kennzeichnen wörtliche Reden. Außerdem machen beide Fehler bei den Worten »Wen« und »Wenn« … Auf Ninos Facebook-Seite findet er genau dieselben sprachlichen Fehler wie in den Texten von Luisa. Kann es sein, dass Nino die E-Mails von Luisa selbst geschrieben hat?

Der Experte identifiziert noch zahlreiche weitere Übereinstimmungen, die eine deutliche Sprache sprechen. Er kommt zu dem Ergebnis, dass alle analysierten Texte mit zumindest »sehr hoher Wahrscheinlichkeit« von ein und demselben Autor stammen. In anderen Worten: Nino ist Luisa – Luisa ist Nino.

Mit diesem entlarvenden Ermittlungsergebnis hätte der Ermittler Nino einfach konfrontieren können. Doch was nun folgte, ist der Schachzug, der mir für immer und ewig in Erinnerung bleiben wird! Die Hypothese lautete: Wenn Nino wirklich hinter den bisher bekannten Texten steckt, dann wird er dieselben sprachlichen Muster auch in Zukunft zeigen. Der Plan des Ermittlers: Er will Nino eine E-Mail diktieren, um zu sehen, ob er diese ungewöhnlichen

Schreibfehler tatsächlich genau so noch einmal macht. Vor laufenden Kameras. Hieb- und stichfest dokumentiert. Er setzt Nino bei sich zu Hause vor dessen eigenen Rechner. »Wir werden jetzt auf Luisas letzte Nachricht antworten. Ich diktiere dir, du schreibst.« Und los geht es.

Der Ermittler diktiert:

»Ich hab dich durchschaut.«

Nino schreibt: »Ich hab dich durchschaut!!!«

Er setzt unaufgefordert drei Ausrufezeichen.

Der Ermittler weiter: »Ich weiß, wer du bist«.

Nino schreibt: »Ich weiß wer du bist!!!«

Der Ermittler diktiert: »Luisa.«

Als Nino den Namen geschrieben hatte ergänzt der Ermittler: »Das setzt du in Anführungszeichen.«

Nino setzt je zwei Apostrophe vor und nach dem Namen: ``Luisa``.

Bähm!!! Spätestens jetzt war die Falle zugeschnappt!!!

Letztendlich passierte auch der Wen- und Wenn-Fehler. Dafür war allerdings das Autokorrekturprogramm verantwortlich. Dass das genauso sein würde, darauf hatte sich der Profiler im Vorfeld festgelegt. Deshalb musste das Diktat auch unbedingt auf genau dem Rechner stattfinden, auf dem Nino mutmaßlich auch Luisas Texte an sich selbst schrieb. Denn nur unter den gleichen Rahmenbedingungen sind auch gleiche Ergebnisse zu erwarten. Der Sprachprofiler hatte mit seiner Vorhersage einen absoluten Volltreffer gelandet.

Hier der vollständige Text:

Ich hab dich durchschaut!!! Ich weiß wer du bist!!! ``Luisa`` Ich werde mich mit dir zur ``Aussprache`` treffen!!! Entlaste dein Gewissen!!! Un du kannst dein Leben wieder genießen!!! Du willst Aufmerksamkeit um jeden Preis und die wirst du jetzt auch bekommen!!! Wann und Wo sage ich dir noch!!! Bis Bald Nino
PS: Es denken so viele das du diejenige bist!!!
PPS: Wenn willst du eigentlich wirklich?

Original Nachricht nach Diktat, Namen wurden geändert, Satzzeichen wurden nicht mitdiktiert, Fehler wurden übernommen.

Vielleicht ist Ihnen beim Lesen der diktierten Zeilen aufgefallen, wie geschickt der frühere Agent hier mit der Doppeldeutigkeit spielt. Er schafft zwei Realitäten. Nino geht davon aus, dass er mit einem Bluff auf »Luisas« letzte Nachricht antwortet: »Ich habe dich durchschaut. Ich weiß, wer du bist.«. Der Zuschauer zu Hause weiß, dass der Ermittler in Wirklichkeit eine Botschaft an Nino sendet: »Ich habe dich durchschaut. Ich weiß, wer DU bist.« Doch diese so offensichtlich scheinende Botschaft nimmt Nino in diesem Augenblick noch nicht wahr.

Der Ermittler ist sich nun sicher: Nino hat die Öffentlichkeit wochenlang zum Narren gehalten. Und ihn hatte Nino wochenlang ins Leere ermitteln lassen. »Du willst Aufmerksamkeit um jeden Preis und die wirst du jetzt auch bekommen!!!« Nino hatte sich wohl sehr sicher gefühlt. Mit dieser Wende hatte er nicht gerechnet.

Als Nino mit den Ermittlungsergebnissen konfrontiert wurde, machte er tatsächlich ein Geständnis. Er gab nicht zu, das Stalking nur erfunden zu haben. Er gab zu, seine Stalkerin einige Tage zuvor »zufällig« getroffen zu haben. Das erste und einzige Mal nach fünf Jahren. Man habe sich ausgesprochen und geeinigt. Das Stalking sei nun beendet. Sie hätte sich seitdem auch nicht mehr bei ihm gemeldet. Eine Telefonnummer oder einen Nachnamen habe er nach wie vor nicht. Danach zu fragen habe er in der Aufregung vergessen. Es sei zu später Stunde gewesen, er hätte schon das eine oder andere Bier intus gehabt. Ihm sei in dem Moment nur wichtig gewesen, dass jetzt endlich alles ein Ende habe. Was das angeht, würde er »Luisa« nun auch vertrauen. Er habe nur vergessen, diesen Sachverhalt der Produktion und dem Ermittler mitzuteilen. Das tue ihm jetzt im Nachhinein unendlich leid. Okay. Was will man daraufhin noch sagen? Der Ermittler hielt sich dann auch dementsprechend kurz: »Wir werden unsere Akten schließen. Wichtig ist, dass es vorbei ist!« Und auch hier hatte er wieder geschickt mit der Doppeldeutigkeit gespielt.

Sicher hegen Sie längst auch schon einen Verdacht. Und ja, Sie liegen richtig. Der Ermittler und Ex-Agent war Leo Martin, mein heutiger Chef. Damals kannte ich ihn nur aus dem Fernsehen. Genau wie den Professor, der damals das linguistische Gutachten gemacht hat. Mit beiden habe ich Jahre später, im Rahmen meiner Ausbildung zum Sprachprofiler, eineinhalb Jahre lang gemeinsam an Fällen gearbeitet. Das Leben ist voller unerwarteter Wenden. Nicht nur für Nino. Auch für die Ermittler.

»Ich liebe es, Lügen zu hören, besonders wenn ich die Wahrheit kenne …«

Patricia Staniek, Profilerin

KAPITEL 5:
WIE SIE LÜGE UND WAHRHEIT UNTERSCHEIDEN KÖNNEN

»Stimmt das, was sie sagt, oder schwindelt sie?«, »War er's oder war er's nicht?«, »Weiß ich alles, was ich wissen muss, oder ist da noch etwas Wichtiges?« Jeder Mensch lügt bis zu zweihundert Mal am Tag. Behaupten angeblich Wissenschaftler. Ob diese Information wirklich stimmt, ist fraglich. Es ist auf jeden Fall eine der Zahlen, die einem immer wieder begegnen, wenn man sich tiefer mit dem Thema Lüge/Wahrheit beschäftigt. In Medienberichten zumindest. In der Fachliteratur sieht es da oft anders aus. Vermutlich kommen weder Sie noch ich auf zweihundert Lügen pro Tag. Selbst dann nicht, wenn wir sehr großzügig alle sozialen Lügen und Höflichkeitslügen, wie »Danke, mir geht es gut ...«, »Das schmeckt aber lecker, mein Schatz ...«, »Die Schuhe waren ganz billig ...« oder »Ich war gestern Nacht noch mit den Jungs unterwegs ...« mit einpreisen würden. Als Sprachprofiler haben wir allerdings schon so viele Lügen entlarvt, dass wir die Vermutung haben, dass einzelne Menschen zweihundert Lügen pro Tag sogar relativ locker erreichen dürften.

Vor Gericht hat der Sachbeweis das größte Gewicht. Gesicherte Spuren, Fingerabdrücke, DNA. Je »handfester«, desto besser. Auch

Wissen, das nur der Täter haben kann, hat schon so manchen Kriminellen zu Fall gebracht. Wenn es um Aussagen geht, spricht man in der Kriminalistik vom sogenannten Personenbeweis. Je mehr Zeugenaussagen sich gegenseitig bestätigen, desto besser. Wenn die Zeugen unabhängig voneinander sind und auch nicht in irgendeiner Beziehung zur Tat oder zum Täter stehen. Hier wird es schon weicher. Denn auch mögliche Wahrnehmungs-, Bewertungs- und Erinnerungsfehler müssen berücksichtigt werden. Genau wie verborgene Motive, die nicht auf den ersten Blick erkennbar sind.

Wenn genug feste und unverrückbare Fakten vorliegen, ist es relativ einfach, eine clevere Vernehmungsstrategie aufzubauen. Dann kann man mit Wissen taktieren. Zusammenhänge und Widersprüche werden hier sehr schnell sichtbar. Auch dann, wenn man mit einem weißen Blatt Papier beginnt und die Lage zunächst unklar ist.

GEHEN SIE VOR WIE EIN VERNEHMUNGSEXPERTE

Eine der wichtigsten Strategien in der Vernehmung ist die sogenannte Festlegetaktik. Dabei sorgt der Ermittler dafür, dass der Verdächtige sich in möglichst vielen kleinen, auch scheinbar irrelevanten Details festlegt. Dazu fragt er auf Verdacht und »ins Unendliche«. Stellen Sie sich beispielsweise vor, vor Ihrem Haus liegt ein Mann in seinem Blut, am Kopf eine riesige Platzwunde, daneben Ihr Gartenwerkzeug. Und auch das ist blutverschmiert. Weil Sie gestern noch die Hecke geschnitten haben, ist auch klar, dass sich Ihre Fingerabdrücke darauf befinden. Glücklicherweise haben Sie ein Alibi. Sie waren im Kino. Allerdings allein. Im Astoria haben Sie sich den neuen Bond angesehen. Ein guter Ermittler wird Sie aber nicht nur nach Kino, Film und Ihrer Begleitung fragen. Er wird Ihnen unendlich viele weitere Fragen stellen. Detailfragen, die Ihnen zunächst eventuell komisch vorkommen. Welchen Weg sind Sie gegangen? Ist Ihnen unterwegs etwas besonders aufgefallen? Eine Baustelle? Eine Sperrung? Ein Grillfest? Wie viele Kassen hat das Kino? Wie viele davon waren geöffnet? Bekamen Sie Ihr Ticket von einem Mann oder einer Frau ausgehändigt? Und wer hat es dann eingerissen? Als Sie das Kino betreten haben, war es bereits voll besetzt, halb voll oder noch fast leer? Er wird Ihnen hunderte weitere Fragen stellen. Bei vielen dieser Fragen weiß er in diesem Augenblick selbst auch nicht, ob sie ihn später bei seinen Ermittlungen weiterbringen. Nach und nach legen Sie sich mit Ihren Antworten fest. Damit zieht sich auch das Netz der Erkenntnisse dichter und dichter um Sie zusammen. Im Anschluss bekommt der Ermittler durch ein paar einfache Recherchen leicht heraus, ob Ihr Alibi stimmig ist oder ob sich Fragen auftun. Dann weiß er, ob er weitersucht. Und wenn ja, auch wo. Wenn genug Widersprüche sichtbar sind, ist der Druck oft so hoch, dass am Ende ein Geständnis steht. Oder die Indizien sind so dicht, dass der Täter auch ohne Geständnis überführt werden kann. Selbst ein Täter, der von Anfang an die Aussage verweigert, hat dadurch nicht zwangsläufig einen Vorteil. Denn wer nichts zu verbergen hat, der hält auch nicht die Klappe. Eisernes Schweigen ist für den Ermittler das sicherste Indiz dafür, dass sich das Weitersuchen lohnt. Und dass sich jede Zeit, jede Energie und jedes Know-how, das er in den Verdächtigen investiert, am Ende auszahlen wird.

Doch was tun, wenn Ihnen harte Fakten fehlen? Wenn es zunächst weder verwertbare Spuren noch griffige Indizien gibt? Wenn der Partner/die Partnerin Stein und Bein schwört, die Nummer auf dem Display nicht zu kennen. Obwohl sie seit Wochen regelmäßig dort auftaucht. Immer nachts und in den Morgenstunden … Oder wenn die kleine Lisa dabei bleibt: »Ich war das nicht!«? Und dann keinen Pieps mehr sagt? Dann ist mehr als nur eine clevere Vernehmungsstrategie gefragt. Wenn harte Fakten fehlen, kommt es umso mehr auf Ihre soften Skills an.

Sich allein auf sein Bauchgefühl zu verlassen, kann hier nicht die Lösung sein. Das hat die Erfahrung die meisten von uns bereits gelehrt. Doch wie können wir dann erkennen, ob andere Menschen lügen? Und geht das überhaupt?

GRUNDSÄTZE DER VERNEHMUNGS-PSYCHOLOGIE

Die gute Nachricht ist, wir können genau das, was der berühmt-berüchtigte Lügendetektor auch kann. Vielleicht können wir die Lüge nicht erkennen, aber mit etwas Glück erkennen wir den Druck, den die Lüge erzeugt. Mit etwas Übung sogar in schwierigen Fällen. Wer lügt, steht unter Dampf. Je größer die Lüge, desto größer ist auch der Druck. Wenn es wirklich um etwas geht, wird aus einfachem Druck sehr schnell höllischer Stress. Beispielsweise weil der Täter Angst vor Strafe hat. Oder Herr Huber Sorge, seinen guten Ruf zu verlieren. Oder noch schlimmer: den nächsten Auftrag. Auch der beste Lügendetektor erkennt nicht die Lüge, sondern nur den Stress. Während der Befragung zeichnet er kontinuierlich den Verlauf von verschiedenen körperlichen Parametern auf. Er misst beispielsweise Blutdruck, Atemfrequenz, Muskelspannung oder die elektrische Leitfähigkeit der Haut. Sie, als menschlicher Lügendetektor, gehen anders an die Sache ran.

Die Lüge ist einer der komplexesten Prozesse, die unser Gehirn überhaupt kennt. Zu lügen bedeutet, geistig immer doppelte oder dreifache Buchführung schaffen zu müssen. Wer schon einmal versucht hat, eine größer angelegte Überraschung vor seinem Partner geheim zu halten, weiß, wovon ich spreche. Ganz zu schweigen von einer Affäre ... Wer lügt, ist geistig stärker belastet als jemand, der ehrlich ist. Und das wirkt sich auf den Körper aus. Er verhält sich nicht so, wie er es üblicherweise tun würde. Oder wie man es von ihm erwarten würde. Wer lügt, muss sich voll und ganz auf seine Geschichte konzentrieren. Damit er nicht versehentlich Fehler macht, die ihn verraten könnten. Selbst ein kleiner Fehler könnte zum großen Fallstrick werden. Die Aufmerksamkeit ist deshalb voll und ganz bei der Lüge. Ein Lügender wirkt kontrolliert, vielleicht sogar hölzern. Dafür fehlt ihm die Konzentrationsfähigkeit an anderen Stellen. Zwischen seinem Denken und Tun entsteht ein Konflikt. Einen Widerspruch, der nach und nach größer wird. Er kann nicht alles kontrollieren, was er müsste, um absolut authentisch zu wirken. Schon gar nicht seinen Gesichtsausdruck. Auch auf Körpersprache und Stimme schlägt dieses Defizit durch. Eine echt erlebte Situation ist abgespeichert. In Kopf und Körper. In Bildern, Klängen, Gerüchen und Gefühlen. Sie kann leicht abgerufen werden. Vorwärts, rückwärts, von links, von rechts, von oben nach unten, von unten nach oben, mit und ohne Zeitsprüngen.

Der Lügner hat es ungleich schwerer. Er steht vor einer psychologischen Falle, die er unmöglich umgehen kann. Schon aus dem Grund nicht, weil er sie nicht kennt: Bevor jemand lügt, muss er einmal an die Wahrheit denken! Erst danach kann er die Wahrheit verdrehen. Konstruieren, erfinden, etwas dazuschwindeln oder weglügen. Dabei muss er ständig die Widersprüche zwischen Wahrheit und Wunschvorstellung im Griff behalten. Wer hat welchen Wissensstand? Wo gibt es Zusammenhänge? Wo darf es keine geben? Wer steht mit wem im Kontakt? Wo gibt es Abhängigkeiten? Was darf ich auf keinen Fall übersehen? Wo muss ich besonders glaubwürdig wirken? Das erzeugt Druck. Und alles muss rasend schnell gehen. Das erzeugt noch mehr Druck. Auffallen darf das Ganze natürlich auch nicht. Also Druck ohne Ende.

Das ist die Chance für den menschlichen Lügendetektor. Sie achten auf Veränderungen im Verhalten, und zwar zu einem ganz bestimmten Zeitpunkt! Eines sei vorweggenommen: Ein Lügenerkennungsmerkmal, das man entdeckt, erkennt und sich dann auch noch zu hundert Prozent darauf verlassen kann, gibt es nicht. Da können Sie lange suchen. Auch der angeblich so verräterische Blick nach oben rechts bringt Sie nicht weiter. Die Kunst besteht darin, ein Abweichen vom gewöhnlichen Verhalten Ihres Gegenübers festzustellen. Und zwar genau in der Sekunde, nach der Sie Ihre Frage zu Ende gestellt haben. Vor seiner Antwort denkt der Täter an die Tat. Ob er will oder nicht. Das ist volle Breitseite fürs Gehirn. Die Kontrollmechanismen können ins Wanken geraten. So kann es passieren, dass Ihr Gegenüber sich einen kurzen Augenblick lang anders verhält als üblich. Vielleicht sogar auffällig unauffällig.

Diese Verhaltensabweichungen können übrigens in jede Richtung gehen. Das macht die ganze Angelegenheit sehr anspruchsvoll. Es kann der sofort ausweichende Blick sein. Vielleicht aus Schamgefühl nach der Lüge. Oder der zu starre Blick. Weil er durch dieses Statement besonders überzeugend wirken möchte. Es kann das verzögerte Antwortverhalten sein, weil er einen Augenblick braucht, um sich zu orientieren und seine Gedanken zu sortieren. Es kann aber auch das gepresste Antwortverhalten sein. Also wenn die Antwort schon herausplatzt, noch bevor Sie Ihre Frage überhaupt ganz zu Ende gestellt haben.

Wie verhalten Sie sich unter Druck? Wie genau kennen Sie sich? Werden Sie dann schnell laut und blasen zum Gegenangriff? Oder werden Sie erst mal stiller und ziehen sich zurück? Antworten Sie nachlässiger oder bedachter? Werden Sie verlegen? Oder müssen Sie grinsen? Spüren Sie, wie Ihr Herz schneller schlägt? Fühlen Sie Ihren

Puls vielleicht sogar am Hals? Spüren Sie, wie Hitze in Ihnen hochsteigt und Ihr Gesicht rot wird? Was ist mit Ihrer Atmung? Stockt diese kurz? Wird sie flach? Bilden sich kleine Schweißperlen auf Ihrer Stirn. All das könnte passieren. Je größer der Druck, desto wahrscheinlicher. Und desto heftiger auch die körperliche Reaktion. Bis hin zum Zittern. Was genau passiert, ist von Mensch zu Mensch ganz verschieden. Aber eines ist klar: Irgendetwas wird passieren! Das ist so sicher, wie das Amen in der Kirche. Berufsbetrüger mal ausgenommen. Und exakt auf solche verräterischen Hinweise achten Sie als menschlicher Lügendetektor.

Einen kleinen Haken gibt es allerdings doch noch. Sie müssen sicher sein, dass der Druck, den Sie erkennen, auch wirklich mit der mutmaßlichen Lüge zu tun hat. Denn allein die Tatsache, einer Lüge verdächtigt zu werden, ist oft schon Druck genug. »Was ist, wenn ich den Verdacht nicht mehr loswerde?« »Was passiert, wenn mein Arbeitgeber mitbekommt, dass die Polizei bei mir zu Hause war?« »Was wird meine Frau dann über mich denken?« Auch solche Gedanken schlagen sich auf das Verhalten nieder. Sicher haben Sie vergleichbare Situationen selbst oft genug erlebt. Sie sitzen im Auto, Führerschein, Fahrzeugschein, alles dabei. TÜV und Abgasuntersuchung sind gemacht. Sie sind angeschnallt, nüchtern, das Handy steckt brav in der Innentasche. Alles ist fein nach Vorschrift. An einer roten Ampel fährt ein Streifenwagen neben Sie, die Beamten blicken zu Ihnen rüber. Und das Gedankenspektakel beginnt. In derselben Zehntelsekunde verändern sich Ihre Gefühle. »Führerschein dabei?« »Fahrzeugschein dabei?« »Mit dem Auto passt alles?« »Alle Lichter an?« »Vielleicht haben die gesehen, dass ich gerade Wasser getrunken habe, und halten das jetzt für eine Bierflasche? Schnell noch einen Schluck trinken jetzt!?« »Soll ich rüberschauen? Oder besser nicht?« … Gedanklich sind wir plötzlich in einer ganz anderen Welt als noch einen Augenblick zuvor. Und es fühlt sich so an, als würden wir uns verhalten wie ein Idiot ... Bei manchen Menschen ist das Gefühl sogar noch da, obwohl der Streifenwagen schon lange wieder weg ist. Genauso schnell kann Stress entstehen, weil Sie von einem Bekannten aufgehalten werden, obwohl Sie dringend nach Hause müssen, damit das Ebay-Angebot nicht abläuft.

Wollte man von dieser Wahrnehmung auf irgendeine Wahrheit schließen, hätten wir viel zu verbergen. Das weiß zum Glück auch die Polizei. Trotzdem kommt es gelegentlich vor, dass jemand vorläufig festgenommen wird, der, wie sich später herausstellt, nichts auf dem Kerbholz hatte. Genauso kann es uns passieren, dass wir jemanden für verdächtig halten, der am Ende nicht der Täter war. Oder nicht gelogen hat. Das ist ärgerlich für beide Seiten, weil wir so nicht nur Zeit verschwenden, sondern auch die Beziehung belasten. Zu Unrecht und komplett unnötig. Und trotzdem passiert auch das gelegentlich, weil es für viele Menschen äußerst schwer ist, eine Meinung aufzugeben. Anstatt rechtzeitig umzukehren, wird lieber die Geschwindigkeit erhöht, mit der man gegen die Wand rast.

Die Herausforderung besteht also darin zu erkennen, welcher Stress situationsbedingt ist und welcher durch die Lüge entsteht. Dabei gehen Sie strategisch vor. Wenn ein Ermittler zu Beginn der Vernehmung fragt: »Wie war die Nacht in Untersuchungshaft?«, »Hatten Sie Möglichkeit, mit Ihrer Frau zu sprechen?«, »Wurden Sie von den Kollegen gut behandelt?«, dann ist das kein höflicher Smalltalk. Bestenfalls ist es echtes Interesse, auf jeden Fall aber die Suche nach der Antwort auf die Frage: Wie verhalten Sie sich unter normalen Umständen. So lange es noch nicht ans Eingemachte geht. So erfährt er, wie Sie auf belanglose Fragen antworten. Also auf Fragen, die nicht wehtun. Erst danach folgen sogenannte Stressfragen. Das sind dann die Fragen zur Leiche im Garten. Fragen, die an die Substanz gehen. Wo waren Sie zum Tatzeitpunkt? Wann genau fiel der Schuss? Warum ausgerechnet in Ihrem Garten?

Wenn Sie noch mehr zum Thema Lügenerkennung erfahren wollen, kann ich Ihnen das Werk von Jack Nasher wärmstens empfehlen. In seinem Buch »Durchschaut« beschreibt er das Geheimnis, kleine und große Lügen zu entlarven. Weder in meinem Studium der Kriminalwissenschaften, noch in einer meiner zahlreichen Fortbildungen zu Befragungs- und Vernehmungstechniken habe ich die Thematik »Lügenerkennung« so griffig und nachvollziehbar präsentiert bekommen. Gleiches gilt übrigens auch für seine Werke in Sachen Kompetenz und Verhandlungen. Das sind echte Empfehlungen!

SO UNTERSCHEIDEN SIE LÜGE VON WAHRHEIT

Im persönlichen Kontakt von Auge zu Auge gelingt es uns am besten, andere von uns und unseren Ideen zu überzeugen. Beim Kontakt von Ohr zu Ohr, egal ob per Festnetz oder Handy, verlieren wir an Wirkungsgrad. Und die geschriebene Kommunikation birgt zusätzliche Reibungsverluste, da Missverständnisse schriftlich besonders leicht entstehen. Spätestens seit Kapitel 2, »Woran wir erkennen, ob unser Gegenüber überzeugend und glaubwürdig ist«, ist uns dies bewusst. Ähnlich ist es beim Thema Lügen entlarven. Stehen wir uns Auge in Auge gegenüber, lesen wir das Gesicht und das Verhalten unseres Gegenübers mit. Wir nehmen wahr, ob der andere unter Druck ist, ob er schneller und flacher atmet, ob sein Hals rot anläuft, sich Schweiß auf seiner Stirne bildet, seine Stimme höher wird oder bricht. Ob er Angst oder Schamgefühl empfindet. Ob er verzögert oder gepresst antwortet. Ob er hölzern wirkt, fahrig wird, oder sich plötzlich ständig ins Gesicht fasst. Die körpersprachlichen Stressanzeichen, die durch größere Lügen ausgelöst werden, sind nur schwer zu verbergen. Bewusst oder unbewusst, wir nehmen verräterische Veränderungen und wechselnde Stimmungen wahr. Das funktioniert auch von Ohr zu Ohr, ist aber auch hier wieder ein Stück weit schwieriger. Und in der schriftlichen Kommunikation?

Uns wird häufig die Frage gestellt, ob man Lügen auch in Texten erkennen kann. Lügen zu erkennen ist eine Kunst für sich. Auch schon im persönlichen Gespräch. Die einen haben eine bessere Trefferquote, die anderen eine schwächere und wieder andere liegen erstaunlich oft richtig. Wer sich hier nicht auf sein Bauchgefühl verlassen möchte, bekommt in Kapitel 7 den sichersten Weg zur absoluten Klarheit: »Wie man von der Vermutung zum Beweis gelangt«. Lügen in Texten zu erkennen, ist noch schwieriger, manche behaupten sogar, es ist unmöglich. Und in den aller meisten Fällen werden sie Recht damit behalten. Aber gewisse Hinweise auf mögliche Lügen gibt es dann doch.

Stellen Sie sich vor, Sie sind Chef, es ist Grippezeit, und Sie bekommen Krankmeldungen von zwei Mitarbeitern per WhatsApp. Der eine schreibt mitten in der Nacht: »Habe abends leichtes Fieber bekommen, ging nachmittags schon los, seit dem fühle ich mich nicht gut, habe zwei T-Shirts durchgeschwitzt, nehme jetzt Wick-MediNait und rufe an, wenn ich wieder wach bin, sorry, bis später.« Der andere textet um 6 Uhr morgens: »Bin krank, komme heute nicht, melde mich noch.« Welcher Mitarbeiter hat gelogen? Sie wissen es nicht? Woher auch? Wir auch nicht. Uns fehlt die Vergleichsmöglichkeit. Deshalb: Vielleicht beide, vielleicht einer, vielleicht keiner!

Der eine schreibt kurz, prägnant, sachlich. Der andere ausführlicher, erzählender, persönlicher. Jeder hat seinen eigenen Schreibstil und jeder Stil ist ok. Doch eines gilt für alle gleichermaßen: Texte, die nicht stimmig zueinander passen, werfen Fragen auf. Ebenso Texte, die in sich nicht stimmig sind. Dieses Phänomen kennen wir von deutschen Muttersprachlern, die in anonymen Drohbriefen versuchen, einen ausländischen Hintergrund vorzutäuschen. »Du kommen alleine! Du haben nur eine Chance!«. Kurze Hauptsätze, das Verb bleibt im Infinitiv, also in seiner Grundform. Ein klassisches Alarmsignal für jeden Sprachprofiler: Hier könnte es sich um den Versuch einer Verstellung handeln. Eine schriftliche Lüge. »Stecken Sie die Tüte mit den Unterlagen hinter die Werbetafel an der Steinmauer.« Wenn das Deutsch dann wieder besser wird, sobald es um die Forderung geht, ist das bereits der zweite Hinweis auf eine Schwindelei. Der Versteller fällt aus dem Muster, weil er verstanden werden möchte.

Wenn in Texten plötzliche und unerwartete Stilbrüche vorkommen, zum Beispiel wenn auf einmal nicht mehr über die eigenen Gedanken/Gefühle/Eindrücke geschrieben wird – oder Details über Gedanken/Gefühle/Eindrücke wie aus dem Nichts auftauchen, dann kann das ein Hinweis auf eine mögliche Lüge sein. Auch wenn an einer Stelle plötzlich deutlich mehr Informationen auftauchen, als gefühlt notwendig gewesen wären. Wer lügt tendiert gerne dazu, seine Geschichte so glatt zu ziehen, dass beim Lesen keine Stolpersteine stören. Das ufert dann gelegentlich aus. Als Chef würden Sie also nur hellhörig, wenn die Krankmeldung vom üblichen Ton Ihres Mitarbeiters abweicht.

Gleiches gilt, wenn auf einmal mehr von »man hat«, »man wird« geschrieben wird, und weniger von »ich habe«, »ich bin« oder »ich werde«. Das könnte ein Zeichen dafür sein, dass der Schreiber sich vom Inhalt des Geschriebenen distanziert. Vermutlich, weil er weiß, dass seine Behauptung moralisch fragwürdig ist. Oder wenn die Wahrheit des Geschriebenen besonders deutlich betont wird, könnte das auch das Gegenteil bedeuten. Formulierungen wie »ehrlich gesagt«, »in der Tat«, »ehrlicherweise« sollen den Empfänger einer Nachricht mit der Brechstange darauf hinweisen, dass das Behauptete keine Lüge ist. Wäre das bei der Wahrheit wirklich notwendig?

All diese Punkte können Hinweise auf mögliche Lügen sein. Auf jeden Fall sind sie ein Signal. Ein Warnsignal, das hier vermutlich irgendetwas ist. Ein möglicher Hintergrund von vielen könnte eine Lüge sein. Könnte, ... muss aber nicht. Die Abweichung im Schreibstil Ihres Mitarbeiters könnte natürlich auch dem Fieber geschuldet sein. Trotzdem schadet es nicht, bei Auffälligkeiten kritisch zu werden, achtsam zu sein und notfalls auch zu hinterfragen.

Nun probieren Sie es selbst einmal aus:
Spielen Sie Baron Münchhausen und lügen Sie, dass es kracht. Natürlich in einer geschützten Umgebung. Achten Sie darauf, was dabei mit Ihnen, Ihrem Körper, Ihrer Stimme passiert.

- Was fühlen Sie?
- Was denken Sie?
- Schöpft Ihr Gegenüber Verdacht?

Sie werden bemerken, dass es Ihnen schwerfallen wird, sich auch noch auf sich selbst zu konzentrieren. Die Schwindelei fordert bereits genug Aufmerksamkeit. Deshalb ist es gar nicht so einfach, überzeugend zu lügen. Weder persönlich noch schriftlich. Und das ist eine gute Nachricht!

»Was Paul über Peter sagt, sagt mehr über Paul aus als über Peter.«

Baruch de Spinoza

HASS & HETZE: WENN POLITIKER POST BEKOMMEN

Internet-Hetze bedroht Kommunalpolitiker in ganz Deutschland. Als sein Briefkasten zum Friedhof der Kuscheltiere wird, sieht der Oberbürgermeister rot.

Per Pressespiegel bekommen wir täglich die aktuellsten Meldungen zu Fällen von Hass und Hetze. Anonym oder unter Aliasnamen, online oder offline. Das ist der wohl traurigste Trend der letzten Zeit. »Drecksfotze«, »Freck du Drecksau«, »… als Kind ein wenig viel gef…«, »Knatter sie doch mal so richtig durch …«, »Stück Scheiße«, »Geisteskranke«, »die Fresse polieren«, »hohle Nuss«, »Sondermüll«, »Schlampe«, »Schlamper«, …

Verdorbenes Vokabular wie dieses gehört bei uns deshalb jeden Morgen zur Standardlektüre. Besonders harte Angriffe kommen oft von rechts und treffen linke oder grüne Politiker. Grundsätzlich kann es aber jeden treffen, der sich öffentlich exponiert. Und die Angriffe können auch aus allen anderen Richtungen kommen. Der Ton wird, wie es scheint, immer rauer. Im Netz und in der wirklichen Welt. In einem Tempo, das Sorgen macht. Und die Ursache dafür ist unter anderem sicher auch die Anonymität des Internets. Denn es fällt sehr viel leichter, die Grenzen von Anstand und Respekt zu übertreten, wenn man dafür keine Konsequenzen spürt. Es ist, wie Papst Franziskus in seiner Pfingstpredigt 2019 formuliert hat: »Je mehr wir soziale Medien nutzen, desto weniger sozial verhalten wir uns«. Die diplomatischere Formulierung für: »Die sozialen Medien machen uns asozialer.«

Die oben genannten Beleidigungen waren auf Renate Künast bezogen. Sie wäre eine »hohle Nuss, die als Sondermüll entsorgt gehöre«, man solle sie mal »so richtig durchknattern, bis sie wieder normal würde«, und es wurde erwogen, »ob diese ‚Dame' vielleicht als Kind ein wenig viel gef…« wurde und dabei etwas »von ihrem Verstand eingebüßt« hätte. Diese und ähnliche Abscheulichkeiten wurden als Kommentare unter einen Facebook-Beitrag gepostet, der sich auf die Grünen-Politikerin bezog. All diese Reaktionen waren relativ kurz und stammten augenscheinlich von verschiedenen Verfassern. Theoretisch könnten sie von jedem Menschen auf der Welt stammen, der über einen Internetzugang verfügt und der deutschen Sprache einigermaßen mächtig ist. Von bald acht Milliarden Menschen auf der Welt bleiben grob geschätzt noch 130 Millionen deutschsprachige übrig. Älter als zehn Jahre, jünger als neunzig Jahre, wählt mit hoher Wahrscheinlichkeit nicht grün, teilt nicht den Standpunkt zum Thema … Egal welches Raster man anlegt, die Gruppe derer, die theoretisch als Autor infrage kommen könnten, bliebe immer zu groß. Mit Forensischer Textanalyse ist hier schwer ein anonymer Täter zu überführen. Im folgenden Fall war es dennoch möglich:

Bürgermeister Udo Nowak (Name wie in einigen Fällen des Buches geändert) war gerade wiedergewählt worden. Mit soliden Werten. Im Vergleich zu seiner ersten Wahl hatte er sogar sechs Prozentpunkte gutgemacht. Seine Amtszeit würde somit nun weitere sieben Jahre dauern. Er hatte ein glückliches Händchen bewiesen. In der Kleinstadt schien man mit seinem Engagement zufrieden zu sein. Natürlich gab es Meinungsverschiedenheiten, Konflikte und Reibereien. Aber alles bewegte sich in einem adäquaten Rahmen. Darum hatte es wohl auch keinen wirklich ernst zu nehmenden Gegenkandidaten gegeben. Der Wirtschaft ging es gut, die Arbeitslosigkeit bewegte sich im tiefen einstelligen Bereich, und – was gleich noch wichtig sein wird – die im Ort untergebrachten Flüchtlinge wurden weitgehend akzeptiert.

Anonyme Briefe tauchen häufig in der heißen Phase von Wahlkämpfen, kurz vor Personal- oder anderen wichtigen Entscheidungen auf. Hier war es umgekehrt. Der Wahlkampf war gerade vorbei, alle Wählerstimmen waren ausgezählt, da kam der anonyme Ärger.

Los ging alles mit der Berichterstattung über die Flüchtlingsunterkunft in der lokalen Presse. »Menschenunwürdige Zustände«, »Nur acht Quadratmeter pro Person«, »Rost in den Containerdecken«. Dazu wurden Fotos von faustgroßen Rostlöchern abgedruckt, die notdürftig mit Discountertüten verklebt waren. Tatsächlich handelte es sich bei der Unterkunft um ein improvisiertes, einfaches Containercamp. Es war in die Jahre gekommen, die Wege waren nicht befestigt und wurden zu rutschigen Matschpisten, sobald es etwas regnete. Die sanitären Anlagen würde man Freunden und Familie nicht zumuten. Und obendrein war es zu diesem Zeitpunkt auch noch überbelegt. Zum Höhepunkt der Flüchtlingskrise, als es quasi über Nacht aus dem Boden gestampft wurde, hatte es stellenweise hundertfünfzig statt der vorgesehenen achtzig Flüchtlinge beherbergt. Eine grundlegende Sanierung war überfällig, doch alles war ordentlich und friedlich, denn Integration und Teilhabe funktionierten. Und das Wichtigste: Ein Ende war in Sicht. Die Baupläne für eine neue Unterkunft neben dem Krankenhaus lagen fertig in der Schublade. Ein integriertes Konzept, bei dem man sich auch schon über die Folgenutzung für die Zeit danach Gedanken gemacht hatte. Das Projekt war so geplant, dass der Bau später an die Klinik angeschlossen werden konnte. Die Kosten für diese Lösung waren natürlich ein Stück weit höher als für das alternative Konzept am Rande der Stadt. Städteplanerisch war es allerdings weitergedacht, es war nachhaltiger und genoss eine breite Zustimmung in der Bevölkerung. Sobald der Frost aus den Böden gewichen war, sollten die Bagger losrollen.

Doch schon vor dem ersten Spatenstich begann sich die Stimmung langsam zu drehen. Auf den gängigen Social-Media-Plattformen hatte es von Anfang an negative Stimmen gegeben. Gruppen, Foren und einzelne Beiträge, in denen das Vorhaben polemisch diskutiert und infrage gestellt wurde. »Ein Asylantenheim auf einem der begehrtesten Bauplätze der Stadt???!!!«, »Die können sich gerne wie Gäste fühlen, aber sie müssen nicht wie Ölscheichs leben!«, »Und so werden unsere Steuergelder verprasst!«, »Am besten bauen wir ihnen gleich noch einen 200 Quadratmeter Wellnessbereich«. Die öffentliche Meinung blieb davon aber weitgehend unberührt. Und so wurde es schnell wieder still im Netz.

Als dann alle Entscheidungen getroffen, die Budgets im Haushalt freigegeben und die Verträge geschlossen waren, also zu dem Zeitpunkt, ab dem nichts mehr zu verhindern war, flammte die Diskussion plötzlich wieder auf. Angetrieben von nur zwei oder drei Stimmungsmachern. Und diesmal war der Ton deutlich härter und der Bürgermeister rückte ins Fadenkreuz. »Der Luxustempel ist an Ignoranz nicht zu überbieten … das ist ein Verrat am deutschen Volke … am besten noch mit Minarett und den Nowak dran aufgehängt …«, »Wisst ihr wie die Toiletten in unseren Schulen aussehen … dafür ist kein Geld in der Kasse … aber für ein Wohnheim wie Waldorf Astoria!«, »Das bereut der Nowak noch!«, »Und die Alten werden wieder hängen gelassen … die haben uns den Wohlstand gebracht und leben jetzt von Hungerrenten!«, »Hat der Nowak auf einmal eine Gelddruckmaschine im Keller gefunden, oder geht das wieder auf Kosten von uns Steuerzahlern?«, »Dafür kommt er nicht ungestraft davon!«. Teilweise wurde der Bürgermeister in den Posts und Kommentaren auch direkt angesprochen: »Nowak, sei gewarnt!«, »Wenn das Ganze einen einzigen Euro teurer wird, dann wirst du keinen einzigen glücklichen Tag mehr haben!«.

Die lokale Presse hatte diese Vorgänge zwar im Blick, sie waren ihr aber nicht mal eine schmale Spalte wert. Man unterstützte den Neubau und wollte den paar wenigen Gegnern nicht unnötig Aufmerksamkeit schenken. Das änderte sich, als im Rathaus ein Brief mit einem toten Insekt und der Drohung »Sonst klatschen wir dich an die Wand!« ankam.

An
Herrn
Bürgermeister Udo Nowak
Rathausplatz 1

12345 Musterbach

WIR MACHEN DICH PLATT!

Herrn Bürgermeister Nowak,
Hallo Udo,

Es ist unerträglich zu erleben, wie sich unsere Stadt zum negaitiven verändert. Ausländerfeindliche Parolen sind schon in der Mitte der Gesellschaft angekommen. Ganz normale Bürger, egal ob sie Müller, Meier, Schubert, Schuster oder Schmidt heißen, sprechen Dinge offen aus, die sie vor 5 Jahren sich nicht getraut zu denken hätten. All das hast du mit deiner verfehlten Ausländerpolitik zu verantworten!

Wie soll eine junge Frau, Mutter von zwei Kindern, eine Luxusflüchtlingsunterkunft verstehen, wenn im Kindergarten die Holzbalken unter dem Dach wegfaulen? Da fehlen einem die Worte. Wie soll eine Familie ihren Kindern erklären, warum kein Geld für Heizung, Fenster und Toiletten da ist, und es auf der anderen Seite den Ausländern in den Arsch geblasen wird. Wie sollen Rentner, die ihr Leben lang hart gearbeitet haben verstehen warum Geld nur für andere da ist. Da fehlt es am grundlegenden! Du hast den Blick für das wesentliche verloren. All die Leute, die dich immer unterstütz haben, nennen dich heute nur noch ein Stück Dreck. Du musst dich um 180 Grad wenden! Wir werden uns das nicht weiter gefallen lassen! Sonst klatschen wir dich an die Wand!

Initiative für Musterbach

Dieser Text entspricht sinngemäß dem originalen Brief, Namen wurden geändert, Fehler wurden dem Original entsprechend sinngemäß übernommen.

Der große Papp-Umschlag wurde per Post zugestellt, versandt wurde er aus der Nähe, denn er trug den Stempel eines örtlichen Postzentrums. Eine fette Fleischfliege war auf dem oberen Teil des Briefbogens plattgedrückt und mit transparentem Klebeband fixiert worden. Sie war vermutlich eines natürlichen Todes gestorben und hatte schon monatelang in irgendeiner Ecke gelegen. Denn der Winter ging gerade erst zu Ende und auf dem Papier war keine Flüssigkeit, die auf einen näheren Todeszeitpunkt hätte hindeuten können. Ekelhaft war das Ganze dennoch. Und die Fliege hatte den Aussagen »Wir machen dich platt!« und »Sonst klatschen wir dich an die Wand!« Nachdruck verliehen.

Eine Woche später wurde es dann blutig. Und damit noch eine Ecke ekelhafter. Dem Bürgermeister wurde wieder eines dieser großen Papp-Kuverts zugeschickt. Aufmachung und Beschriftung genau wie in der Woche zuvor. Dieses Mal allerdings an seine Privatanschrift. Adressiert an »Familie Nowak«. Als Frau Nowak den Brief öffnete, fand sie darin eine tote Maus. Das arme Tier war offensichtlich zuvor einer Katze zum Opfer gefallen. Es hatte Bisswunden, das graue Fell war verklebt und zerzaust, der Kopf war nur noch durch ein paar Fetzen Haut mit dem Rupf verbunden. Sie steckte in einer kleinen, transparenten Plastiktüte, die am oberen Ende eingeschlagen und mit einer extragroßen Büroklammer zugeheftet war. An den Rändern des Tütchens liefen Blut und andere Schmierereien zusammen. Dem Ganzen lag eine Karte bei mit der Aufschrift: »Letzte Warnung! Überleg dir was du tust!«

Über beide Briefe berichtete die Presse. Über die Fliege noch klein, über die Maus dann mit einer kompletten Seite. Damit war die Kontroverse zurück in der öffentlichen Diskussion. Tatsächlich passierte dann das, was der anonyme Brief bereits behauptet hatte. Während zu Beginn gerade mal zwei oder drei Leute damit beschäftigt waren, immer wieder neues Wasser auf die Online-Mühlen zu kippen, entwickelte sich nun eine Eigendynamik. Unterschiedlichste Menschen aus allen Schichten der Gesellschaft meldeten sich zu Wort. Und wie im Internet so üblich, waren die negativen, abwertenden, vorverurteilenden Stimmen besonders laut. »Da hat man Angst sich weiter zu engagieren. Das hätte ich hier im Westen nicht für möglich gehalten …«, äußerte eine ältere Dame im Interview. Sie war früher Gymnasiallehrerin für Erdkunde und Geschichte und gab nun ehrenamtlich Deutschunterricht für Flüchtlinge. »Hass und Hetze« hätten in der Stadt ein »bedrückendes Klima« geschaffen.

Und das war unter dem Strich der Grund, warum dieser Hass-und-Hetze-Fall bei uns zur Analyse landete. Ein weiterer anonymer Brief war aufgetaucht. Diesmal nicht in einem großen Papp-Kuvert. Und diesmal nicht mit Drohungen, Verleumdungen und Beleidigungen. Aber versandt über dasselbe Postzentrum. Der Anonymus behauptete, er wisse, wer hinter den makabren Briefen stecken müsse. Das Ganze wäre eine Stammtischidee gewesen, die aus dem Ruder gelaufen sei:

Bürgermeister
Herrn Udo Nowak – PERSÖNLICH
Rathausplatz 1

12345 Musterbach

Vertraulicher Hinweis zu anonymen Brief

Sehr geehrter Bürgermeister,
Sehr geehrter Herr Nowak,

Es tut mir leid, wenn Sie nun schon wieder anonym angeschrieben werden. Als Bürger von Musterbach schäme ich mich für den Ton in der aktuellen Diskussion rund um den Neubau des Flüchtlingsheimes. Wenn all diejenigen, die da so laut schreien, sich erst mal um ihre eigenen Angelegenheiten kümmern würden, gäbe es viele der angesprochenen Themen nicht.

Da ich durch einen Zufall mitbekommen habe, wer für die anonymen Briefe verantwortlich ist, weiß ich auch, dass der raue Ton und die toten Tiere ihren Ursprung im Alkohol hatten. So kam es zu einer bedauerlichen Ausdrucksweise, die man sich sonst nicht gewagt auszusprechen hätte.

Für das geschehene kommen mehrere Personen aus einem gewissen Kreis in Frage. Da ich niemanden zu unrecht beschuldigen will, werde ich hier keine Namen nennen. Ich kann Ihnen aber versprechen, dass ich all meinen Einfluss geltend machen werde, damit dieses Spiel eine Ende hat. Sollte mir das nicht gelingen, werde ich mich in nächsten Schritt zu erkennen geben und die Namen nennen.

Mit freundlichen Grüßen
Ein besorgter Bürger

Dieser Text entspricht sinngemäß dem originalen Brief, Namen wurden geändert, Fehler wurden dem Original entsprechend sinngemäß übernommen.

Natürlich waren im Rathaus die Köpfe heiß gelaufen, wer hinter den Drohungen und den toten Tieren stecken könnte. Nach zahlreichen Angriffen auf Bürgermeister und andere Regionalpolitiker in ganz Deutschland ging es unserem Auftraggeber auch um eine Gefährdungsbewertung. Wer war verantwortlich für die Schreiben? Irgendjemand aus dem rechten Spektrum? Ein persönlicher Feind? Ein frustrierter Beamter? Ein Bauträger, der nicht zum Zuge gekommen war? Und wie weit würde er tatsächlich gehen? Der stärkste Verdacht fiel auf einen amtsbekannten Krawallmacher, der die Stadt, aber auch Personen des öffentlichen Lebens und seine Nachbarschaft regelmäßig mit Beschwerden, Klagen und Abmahnungen überzog. Diesen konnten wir jedoch anhand zahlreicher Vergleichstexte sehr schnell als Autor ausschließen.

Der anonyme Hinweisgeber schien auf den ersten Blick eine persönliche, vielleicht sogar ideologische Nähe zum Schreiber der Drohbriefe zu haben. »Wir machen dich platt!« und »Sonst klatschen wir dich an die Wand!« stellten für ihn offensichtlich nur eine »bedauerliche Ausdrucksweise« oder einen etwas »rauen Ton« dar. Auch wenn er ein Ende des Szenarios in Aussicht stellte, war er offensichtlich nicht bereit, auch nur den Hauch eines ernst zu nehmenden Hinweises auf den Täter hinter den Drohbriefen zu geben. Alle diesbezüglichen Gedankenspiele sollten wohl eher auf »Stammtischniveau« stecken bleiben. Noch weniger Hinweise gab er auf sich selbst. Dennoch war sein Hinweisschreiben unter dem Strich ein Bekennerschreiben. Denn er selbst steckte hinter den Drohbriefen. Vielleicht war sein letzter Brief der Versuch einer Entschuldigung. Mindestens aber der Versuch, die selbst losgetretene Lawine zu stoppen, bevor sie Musterbach überwalzte. Oder schlimmer noch: ihn selbst!

Mit seinem letzten Brief hatte er den besorgten Bürger gegeben. Den ehrenhaften Hinweisgeber, der auf keinen Fall jemanden »zu unrecht beschuldigen« wolle. Aber die Vielzahl systematischer

Übereinstimmungen zwischen den Drohbriefen und dem Hinweisgeberschreiben ergaben ein eindeutiges Bild. In allen Fällen war die Anrede zweizeilig, wobei auch die zweite Zeile in Großschreibung begonnen wurde. Auch der Texteinstieg nach dem Komma begann jeweils in Großschreibung:

> »Herrn Bürgermeister Nowak,
> *Hallo Udo,*
> *Es ist unerträglich zu erleben, …*«

> »*Sehr geehrter Herr Bürgermeister,*
> *Sehr geehrter Herr Nowak,*
> *Es tut mir leid, wenn Sie …*«

Das war der erste kleine Hinweis darauf, dass es sich um ein und denselben Autor handeln könnte. In jedem Fall sprach es aber dafür, dass wir es hier in beiden Fällen mit einem Schreiber zu tun hatten, der nicht regelmäßig professionell mit geschäftlichem Schriftverkehr zu tun hat.

Auffälliger waren die »Da‘s« und »All‘s«. »All das hast du mit deiner verfehlten Ausländerpolitik zu verantworten!«, »All die Leute, die dich immer unterstütz haben, nennen dich …«, wurde in den anonymen Schreiben formuliert. Und im Hinweisgeberschreiben: »Wenn all diejenigen, die da so laut schreien, sich erst mal um ihre eigenen Angelegenheiten kümmern würden …«, »Ich kann Ihnen aber versprechen, dass ich all meinen Einfluss geltend machen werde …«. Oder »Da fehlen einem die Worte.«, »Da fehlt es am grundlegenden!«, im anonymen Schreiben. Und »Da ich durch einen Zufall mitbekommen habe …«, »Da ich niemanden zu unrecht beschuldigen will …« im Hinweisgeberschreiben. Sowohl in den Drohbriefen als auch im letzten Brief tauchten »Da …« und »all « in einer vergleichbaren Häufigkeit und Frequenz auf. »Da …« besonders gern am Satzanfang.

Und dann ging es mit den Geschenken los, die anonyme Autoren uns Sprachprofilern leider nur selten machen. Unser Täter schrieb Nominalisierungen durchgängig klein: »Du hast den Blick für das wesentliche verloren«, »… wie sich unsere Stadt zum negaitiven verändert«, »Da fehlt es am grundlegenden!«. Genau wie unser Hinweisgeber: »Für das geschehene kommen mehrere Personen in Frage …«.

Eine der stärksten Spuren war jedoch die besonders grobe Formulierung »… die sie vor 5 Jahren sich nicht getraut zu denken hätten«, deren Entsprechung sich auch im Hinweisgeberschreiben wiederfand: »… einer bedauerlichen Ausdrucksweise, die man sich sonst nicht gewagt auszusprechen hätte.« Spätestens damit war der Sack zu und die Autorengleichheit amtlich.

Für die Gefährdungsbewertung bedeutete das: Entwarnung! Wir hatten es zwar mit einem der unzähligen Fälle von Hass und Hetze zu tun, die uns leider immer häufiger beschäftigen. In diesem Fall handelte es sich aber glücklicherweise nur um einem Täter, der seinen Mund etwas zu voll genommen hatte. Er hatte den Bogen etwas überspannt, dies bemerkt und bereut. Aber Hunde, die bellen, beißen nicht. Unsere Prognose nach Auswertung des Hinweisgeberschreibens lautete: Die Serie ist beendet. Es werden in den nächsten sechs Monaten keine weiteren anonymen Schreiben dieses Täters mehr auftauchen. Und damit auch keine toten Tiere mehr. Und genau so kam es auch. Was nach Fleischfliege und Maus die nächste Steigerung gewesen wäre, will man sich auch gar nicht vorstellen.

»Es wird Tote geben!«

Ein Rechtschreibfehler, der dazu führte, dass damals niemand zu meinem achten Geburtstag gekommen ist

KAPITEL 6:
WIE UNS KOMMUNIKATION NOCH BESSER GELINGT

Einfach, aber effektvoll! In diesem Kapitel finden Sie ein kleines Arsenal an psychologischen Tricks und kommunikativen Kniffen, die Ihnen den Umgang mit Menschen leichter und angenehmer machen. Denn oft sind es die Kleinigkeiten, die einen großen Unterschied machen können. Nicht, dass Sie auf Ihrer nächsten Party auf einmal allein dastehen.

VOM MÜSSEN & SOLLEN ZUM DÜRFEN & WOLLEN

»Ich muss später noch zum Sport!«, »Ich muss das noch lesen ...«, »Ich muss das noch lernen!«, »Ich sollte nächstes Jahr wieder besser auf meine Ernährung achten!«, »Wir müssen den Auftrag an Land ziehen!«, »Ich sollte mich wieder mal bei Tante Tina melden ...«.

Kennen Sie diese Art von Gedanken? »Ich muss ... ich muss ... ich muss ... ich muss ...« oder »Ich sollte ... man sollte ... wir sollten ...«? Aber müssen wir all das wirklich? Oder könnten wir es auch einfach lassen?

Achten Sie einmal darauf, welche Art von Gefühlen Sie mit Aussagen verbinden, die mit »Ich soll ...« oder mit »Ich muss ...« beginnen. Spüren Sie nach solchen Sätzen große Begeisterung und endlose Energie? Fühlen Sie sich richtig gut, sind gut gelaunt und wollen loslegen? Vermutlich eher nicht. Und wie sehen die Ergebnisse aus, wenn Sie Ihre Aufgaben mit »Ich soll wieder …«, »Ich muss noch …« angehen? Wenn es gut läuft, ganz okay? Mittelmäßig? Bestenfalls durchschnittlich? Mehr wird vermutlich nicht drin sein … Passt schon …

»Ich muss wieder …«, »Ich soll noch …«. Was drücken Sie mit solchen Aussagen über sich selbst aus? Wirken Sie selbstbestimmt, selbstbewusst und frei? Oder wie ein Spielball im Spiel von anderen? Je mehr Sie im »Müssen« und »Sollen« gefangen sind, desto weniger stark ist Ihre Position. Die Menschen um Sie herum spüren das und entscheiden sich für attraktivere Optionen.

Niemand kann Sie zu irgendetwas zwingen. Sie müssen arbeiten gehen? Sie müssen Geld verdienen? Sie müssen sich an Recht und Gesetz halten? Auch all das müssten Sie nicht tun. Aber es gibt eben auch Dinge, die wir nicht aus großer Begeisterung oder totaler Leidenschaft heraus machen. Vielmehr machen sie Sinn für uns, weil sie uns helfen, ein anderes, ein noch größeres Bedürfnis zu befriedigen. Beispielsweise frei, unabhängig, selbstbestimmt und sicher zu leben. Deshalb tun wir unter dem Strich auch diese Dinge freiwillig. ALLES, was wir tun, tun wir freiwillig. Es ist und bleibt unsere Entscheidung. Ihre Entscheidung!

Probieren Sie einmal aus, was passiert, wenn Sie die Wörter »muss« und »soll« streichen! Und gegen »darf« und »will« austauschen! Sagen Sie: »Ich will noch zum Sport!« und »Ich will das noch machen!« Sie werden mehr Energie spüren, Ihre Motivation wird steigen, Sie werden zum wichtigsten Spieler in Ihrem eigenen Spiel. Zum Spielmacher.

Dazu müssen Sie nur ein einziges Mal den Schalter umlegen. Also: Sie müssen natürlich gar nichts. Sie dürfen, wenn Sie wollen. Wie fühlt es sich an, wenn Sie sagen: »Ich will das noch lesen!«, »Ich darf an dieser Herausforderung wachsen …«? Ihre Eigenmotivation steigt und Sie haben ein Plus an Energie. Sobald Sie beginnen, von »Ich darf …« und »Ich will …« zu sprechen, spüren Sie mehr Spaß an der Sache, mehr Freude am Leben und vielleicht sogar mehr Glück in der Liebe.

Kommunikationstipp vom Sprachprofiler

Formulieren Sie in Zukunft anders. Vom Müssen & Sollen zum Dürfen & Wollen. So einfach ist das. Wenn Sie sich von »Ich muss …« und »Ich soll …« verabschieden, werden Sie bessere Ergebnisse erzielen. Sie müssen gar nichts. Außer atmen, essen, trinken und schlafen. Sie müssen nicht zur Arbeit. Sie dürfen bzw. wollen arbeiten! Sie dürfen bzw. wollen trainieren! Mit dieser Einstellung wirken Sie attraktiv und anziehend auf andere Menschen.

ICH MACHT VERBINDLICH

»Das macht man nicht!«, »Man sollte sich herausfordernde Ziele setzen …«, »Man muss an sich glauben …«, »Das kann man so oder so sehen …«, »Man muss sich anstrengen im Leben, um erfolgreich zu sein …«, »Man müsste häufiger zum Joggen gehen …«, »Man sollte Alkohol und Fast Food reduzieren …«.

Wenn wir uns oder andere dabei ertappen, ständig von »man, man, man, man« zu sprechen, ist das ein Indiz dafür, dass »man« innere Distanz aufgebaut hat. Ein Zeichen dafür, dass wir uns nicht voll und ganz mit der Sache identifizieren. Das »Man« ist ein Anzeichen dafür, dass wir geschickt Abstand wahren oder unsere innere Selbstverpflichtung nicht besonders hoch ist. »Man«-Aussagen sind unverbindlich, allgemein und wirken wenig überzeugend. Denn die spätere Ausrede ist bereits mit eingebaut.

Kommunikationstipp vom Sprachprofiler

Streichen Sie das Wort »man« aus Ihrem Wortschatz. Wenigstens weitgehend. Ersetzen Sie »man« durch »ich«. So erhöhen Sie die innere Verpflichtung und Ihre Verbindlichkeit. Denn »ich« macht verbindlich!

WEICHMACHER WEG!

Worte wie »vielleicht«, »zwar«, »aber« und »eigentlich« können teuer werden. Weil uns diese rhetorischen Weichmacher Überzeugungskraft kosten. Auf den ersten Blick wirken sie harmlos und unscheinbar, bei genauerer Betrachtung wird klar, warum es Sinn macht, sie nur sparsam einzusetzen.

Zusammen mit guten Freunden planen Sie in die Sonne zu fliegen. Auf der Suche nach dem perfekten Strandurlaub surfen Sie durch die Angebote im Netz. Bei einem besonders starken Blickfang bleiben Sie hängen: Türkisfarbenes Wasser, weißer Sandstrand und satt grüne Kokospalmen. Die Tore des Asian-Palace-Ressorts glänzen golden im Sonnenuntergang. An der Bar stehen Cocktails und eine Schale mit exotischen Früchten. Genau so etwas haben Sie sich vorgestellt. Sie klicken auf den Text des Reiseveranstalters, um mehr zu erfahren: »Das Asian-Palace verfügt zusätzlich über einen großen Swimmingpool.« Sie freuen sich: »Wunderbar!«, und lesen weiter: »ZWAR ist das Becken nur 1,50 m tief, ABER er kommt bei unseren Gästen EIGENTLICH bestens an. VIELLEICHT überzeugen Sie sich selbst.«. Sehr schade! Dank diesem Satz hat das Asian-Palace-Ressort seine Anziehungskraft verloren. Und die schönen Bilder an Glanz. Der Pool wirkt wie ein schlechter Kompromiss. Durch die rhetorischen Weichmacher hat die Gesamtpräsentation an Qualität eingebüßt. Auf einmal entstehen Zweifel, ob das wirklich der richtige Ort für Sie ist.

Obwohl Sie ohnehin einen Strandurlaub gesucht haben und der Pool EIGENTLICH nebensächlich war. Stünde im Angebot: »Das Becken ist 1,50 m tief und kommt bei unseren Gästen bestens an«, hätte das Bild des Hauses nicht gelitten. Vielleicht hätten Sie sogar gebucht.

Mit jedem einzelnen Weichmacher, den Sie weglassen, gewinnen Sie an Glaubwürdigkeit, Überzeugungskraft und stärken Ihren Auftritt. Niemand hört gern »Eigentlich müsste man vielleicht …, aber …«.

EIGENTLICH drückt immer eine Einschränkung aus. Was denken Sie, wenn jemand zu Ihnen sagt: »Eigentlich haben Sie ganz gute Arbeit geleistet …«.

»VIELLEICHT sollten wir nächstes Mal schneller reagieren.« Wie kompetent wirkt eine Führungskraft, die »vielleicht« in Zukunft lieber agiert als reagiert.

»Der Torwart hat einen sehr guten Job gemacht, ABER in der letzten Sekunde hat er sich einen blöden Schnitzer erlaubt.« Vor dem »Aber« war der Torwart noch der King, nach dem »Aber« wird er für die Niederlage verantwortlich gemacht. Achten Sie einmal auf Ihre Kommunikation. Oft ist es auch im Alltag so: All das Positive, was vor einem »Aber« gesagt wurde, ist danach plötzlich nichts mehr wert.

Kommunikationstipp vom Sprachprofiler

Überprüfen Sie, wie »anfällig« Sie selbst für rhetorische Weichmacher sind. Bitten Sie einen Freund, einen Kollegen oder Ihren Partner darauf zu achten, wie häufig Sie Worte wie »VIELLEICHT«, »ZWAR«, »ABER«, »EIGENTLICH« oder Ähnliches verwenden. Schon beim nächsten Gespräch kann es losgehen. Mit jedem einzelnen Weichmacher, den Sie in Zukunft weglassen, gewinnen Sie an Glaubwürdigkeit und Überzeugungskraft.

ICH AM TEXTANFANG IST LAUT UND LÄSTIG

ICH empfehle Ihnen, Texte nicht mit Ich zu beginnen. Weder in Briefen noch in E-Mails. Zu Beginn dieses Absatzes wirkt das ICH etwas laut und ein klein wenig besserwisserisch. Dabei war das Gegenteil gewollt. Natürlich habe ich es nur gut mit Ihnen gemeint. Aber gut gemeint ist eben noch lange nicht gut gemacht. »ICH melde mich heute mit folgendem Anliegen bei dir …«, »ICH gehe davon aus, dass …«, »ICH wollte Sie daran erinnern …«, »ICH habe lange nichts von mir hören lassen …«, »ICH bin gerade im Urlaub, deshalb …«, »ICH habe festgestellt, dass …«, »ICH habe den Keks …«. Das große Ich am Textanfang wird von vielen Lesern als unhöflich empfunden. Selbst über das höfliche, leise »Hallo Hanna, Ich hoffe sehr, es geht dir gut!« stolpert der ein oder andere. Hier geht es nicht darum, kleinkariert irgendwelche Prinzipien zu reiten oder päpstlicher als der Papst zu sein. Sich an diese winzig kleine und sehr einfache Regel zu halten, macht für jeden von uns Sinn.

Wenn wir schreiben, teilen wir uns mit. UNS. Es geht um UNSERE Fragen, UNSERE Sicht der Dinge, um UNSERE Interessen. Kommunikation ist niemals zweckfrei. Immer wenn wir mit anderen kommunizieren, wollen wir dadurch irgendetwas erreichen. Und sei es nur die Stimmung mit dem anderen im grünen Bereich zu halten.

Anders als bei der persönlichen Kommunikation, also wenn wir uns Auge in Auge gegenüberstehen, transportieren unsere E-Mails, Schreiben oder Whatsapp-Nachrichten ausschließlich die nackte Information. Also was ICH will, was MICH interessiert, worum es MIR geht. Die Emotion, unsere Stimmung, was wir denken und fühlen, kommt beim Gegenüber nur in Bruchteilen an. Egal wie viele Emojis wir in unsere Nachrichten knallen. Wie gut unsere Absicht war, spielt manchmal keine Rolle. Diesen Stolperstein kennt jeder von uns. Wir schreiben schnell noch eine E-Mail, um eine Kleinigkeit klarzustellen, ein Missverständnis zu vermeiden, einen Gedanken festzuhalten, einen hilfreichen Hinweis zu geben, und beim anderen landet das im ganz falschen Hals. »Hier noch die Vorlage für das Konzept«, »Bist du sicher, dass wir mit Peter darüber sprechen sollten?«, »Das habe ich mit Herrn Bauer schon gestern besprochen«. Dann wundern wir uns, dass keine Reaktion kommt, die Stimmung kippt, nur einsilbig geantwortet wird und dass am Ende das Ergebnis nicht passt. Bähmmm. Der Schuss ging nach hinten los.

Wir fragen uns, wo das Problem ist. Dabei könnten wir es selbst mit verursacht haben. Die Stimmung des Lesers hat Auswirkung auf die Interpretation des Textes. Das wissen wir spätestens seit Kapitel 2. Ist er positiv gestimmt, wird er den Text eher positiv interpretieren. Ist er negativ gestimmt, eher negativ. Deshalb sollten wir jeden unnötigen Stolperstein aus dem Weg räumen. Ich selbst bin großzügig beim ICH am Textanfang. Mich stört es wenig. Bei einem unserer Kooperationspartner ist es dafür umso extremer. Ein ICH zum Einstieg würde ich ihm niemals vorlegen. Und ich weiß warum. Bei ihm ist es eh sehr wichtig, den passenden Moment abzuwarten. Es gibt Tage, da winkt er vieles durch, und es gibt Tage, da beißt man auf Granit. Wenn wir seine Zustimmung brauchen oder wenn mir etwas wichtig ist, achte ich deshalb sehr genau auf das Timing. Wir wissen meistens nicht, in welcher Stimmung der andere ist, wenn er unsere Nachrichten liest. Deshalb sollten wir alles dafür tun, dass er uns wohlgesonnen bleibt, und nicht schon über das erste ICH stolpert. Sonst gibt es keine Kekse …

Kommunikationstipp vom Sprachprofiler

Verzichten Sie, soweit es möglich ist, auf das Wort ICH am Textanfang. Niemand interessiert sich für Texte, in denen es ständig nur um ICH, ICH, ICH, MIR, MIR, MIR und MEIN, MEIN, MEIN geht. Gerade der Einstig in einen Text sollte Interesse wecken und am besten auch kurz und knackig sein.

SPRECHEN SIE MIT DEN WORTEN DES ANDEREN

Jedes Umfeld hat seine eigenen Regeln, was Sprache, Dresscode und den Umgang miteinander angeht. Unter Seglern ist man von Anfang an per Du, trägt Schuhwerk mit hellen Sohlen, und hart am Wind darf der Ton auch mal rau sein. Sollte nach dem Turn ein Dinner in akademischen Kreisen anstehen, sind Sie gut beraten, Ihre Garderobe, vor allem aber auch Ihre Ansprache anzupassen. Gemeinsamkeiten schaffen Verbindung. Unangemessenes Verhalten sorgt für Abstand. Im Extremfall sogar für Widerstand. Das gilt nicht nur für Outfit und Auftritt, sondern auch für die Sprache. Wenn Sie dem anderen das gute Gefühl geben wollen, dass Sie zu 100 Prozent auf derselben Welle segeln, macht es Sinn, sich einigen Besonderheiten seiner Sprache anzupassen. So können Sie nicht nur unter Seglern sehr schnell ein Gefühl der Nähe erzeugen.

Wenn Sie einige Menschen fragen, wie sie Erfolg, Reichtum oder Glück definieren, werden Sie lauter unterschiedliche Antworten bekommen. So hat auch jeder von uns sein eigenes Bild davon, was Sauberkeit für ihn bedeutet. Oder Ordnung. Für den einen ist Ordnung, wenn alles halbwegs passt. Da dürfen die Teller noch in der Spüle stehen. Der andere würde dieselbe Situation als totales Chaos bezeichnen und so niemals Gäste in die Wohnung lassen. Oder Pünktlichkeit … wo der eine an die Decke geht, ist der andere noch ernsthaft entspannt. Oft denken wir, von derselben Sache zu sprechen, meinen aber etwas komplett Unterschiedliches. Wenn Sie Ihrem Gegenüber ein gutes Gefühl geben wollen, dann können Sie diesen Umstand sogar als Vorteil für sich nutzen.

Identifizieren Sie Schlüsselwörter. Also Formulierungen, die bei Ihrem Gegenüber regelmäßig auftauchen und die für ihn eine besondere Bedeutung zu haben scheinen. Wo immer es Sinn macht, integrieren Sie genau diese Begriffe in Ihre eigenen Formulierungen.

Also genau dieselben Wörter. Keine Alternativen, keine Umschreibungen, keine Varianten.

Wenn Ihr Auftraggeber einen Call ansetzt, sprechen auch Sie von einem Call. Nicht von einer Telefonkonferenz, nicht von einer Telko, nicht von einem Briefinggespräch, sondern von einem Call. Wenn Ihr potenzieller Kunde von einem Projekt spricht, sprechen auch Sie von Projekt, nicht von einem Fall, einem Vorgang oder einem Auftrag. Unterschiede machen Sie nur dort, wo sie absolut notwendig sind. Wann immer möglich lassen Sie den anderen in seiner sprachlichen Welt. Denn dort ist er zu Hause. Dort kennt er sich aus. Dort fühlt er sich wohl. Dort läuft es mit ihm am besten. Wenn wir mit den Worten unseres Gegenübers sprechen, fühlt er sich verstanden. Und darauf kommt es an. Und der Schlüssel zu diesem sprachlichen Code ist so einfach: Wiederholen Sie seine Worte!

Wenn sich Ihre Partnerin in das petrolfarbene Kleid verliebt hat, lassen Sie es petrolfarben! Machen Sie es nicht blau, grün, azur, türkis, meerblau oder smaragdgrün. Glauben Sie mir, es ist besser für Sie! Für den einen sehen all diese Farben irgendwie gleich aus, für den anderen hat jede Farbe eine bestimmte Bedeutungsnuance, die ihm auch wichtig ist. Wenn Ihr Kollege versucht, Sie von einem Konzept zu überzeugen, und Sie es im nächsten Meeting als »Idee« vorstellen, kann es passieren, dass sich bei Ihrem Kollegen Widerstand aufbaut. Immerhin hat er ein konkretes Konzept entwickelt, viel Mühe investiert und sich reichlich Gedanken gemacht. Sie haben diese Anstrengung mit nur einem einzigen Wort zu einer fixen Idee, einem kurzen Gedanken oder einer wenig stichhaltigen Eingebung degradiert. Und obwohl Sie das gar nicht beabsichtigt hatten und das Konzept brillant fanden, fühlt sich auf einmal einer Ihrer Mitstreiter missverstanden. Schlüsselworte zu spiegeln, sie also zu wiederholen, ist eine wunderbare Möglichkeit, den gesamten Interpretationsraum unseres Gegenübers mitzunehmen und genau die Details zu betonen, die ihm wichtig sind.

Aber Achtung, damit ist natürlich nicht gemeint, dass Sie den Sprachstil des anderen komplett kopieren sollten. Das würde vermutlich den besten Sprachprofiler überfordern. Es würde auch keinen Sinn machen, sondern vom Wesentlichen ablenken. Gemeint ist, wichtige sprachliche Besonderheiten zu erkennen und geschickt zu nutzen. So minimieren Sie Irritationen und innere Widerstände.

Sie müssen es ja nicht auf die Spitze treiben, wie das Satire-Magazin Der Postillon. Das Landgericht Berlin hatte geurteilt, dass die Grünenpolitikerin Renate Künast bestimmte, teilweise sehr harte Beleidigungen zu ertragen habe, weil diese im Rahmen einer sogenannten »Sachauseinandersetzung« gefallen seien. In seinem Beitrag, der in nachvollziehbarer Weise auch eine »Sachauseinandersetzung« ist, drehte Der Postillon den Spieß um und wendete die Beleidigungen gegen die Richter:

Drecksfotzenrichter fällen geisteskrankes Urteil gegen Renate Künast, das Justizia wie eine Schlampe aussehen lässt, die auf den Sondermüll gehört

Sollte man diesen Stücken Scheiße die Fresse polieren? Drecksfotzenrichter am Berliner Landgericht haben heute in einem geisteskranken Urteil gegen Renate Künast entschieden, dass sie alle (!) Beschimpfungen, die in diesem Artikel stehen, als nicht beleidigend hinzunehmen hat. Offenbar wurden die Richter als Kinder ein wenig zu viel gef – denn sie entschieden, dass es sich bei den Beleidigungen um »Auseinandersetzungen in der Sache« handelt. Wie genau die hohlen Nüsse zu diesem Urteil kamen, ist derzeit noch unklar. Sicher scheint jedoch, dass der Urteilsspruch der gehirnamputierten Justiz-Schlampen und -Schlamper vermutlich zu einem Anstieg wüster Beschimpfungen im Internet führen wird. Unabhängige Beobachter empfehlen nun, die Sondermüll-Richter mal richtig durchzuknattern, bis sie wieder normal werden – möglicherweise wird das Urteil dann revidiert. Bis dahin meint der Postillon: »Ferckt, ihr Drecksäue!«

Original Artikel des Magazins Der Postillon vom 19.09.2019, www.der-postillon.com

Das Urteil um Renate Künast wurde, nicht zuletzt aufgrund dieses Artikels, öffentlich heiß diskutiert. Allerdings nicht besonders kontrovers, denn die Öffentlichkeit schien die Auffassung des Gerichtes nicht zu teilen. Mittlerweile wurde das Urteil teilweise korrigiert. Immerhin sechs der insgesamt zweiundzwanzig angezeigten Äußerungen sind nun doch als Beleidigung zu sehen, oder wie das Gericht es formuliert hat: »Sie erschöpfen sich in der persönlichen Herabsetzung von Frau Künast.« Vielleicht hat die Wiederholung der Worte ja auch den Richtern einen Spiegel vorgehalten. Aber auch nur teilweise. Der Hinweis, man solle sie mal »so richtig durchknattern, bis sie wieder normal« würde, bleibt nach Meinung der Richter weiterhin eine sachliche Kritik mit dem Stilmittel der Polemik. Prost Mahlzeit.

Kommunikationstipp vom Sprachprofiler

- Achten Sie auf Formulierungen und Schlüsselwörter, die Ihr Gegenüber regelmäßig verwendet und die für ihn eine besondere Bedeutung zu haben scheinen. Wann immer es Sinn macht, integrieren Sie genau diese Begriffe in Ihre eigenen Formulierungen.
- Wählen Sie keine Alternativen, keine Umschreibungen und keine Varianten! Dadurch nehmen Sie den gesamten Interpretationsraum Ihres Gegenübers mit und betonen genau die Aspekte, die ihm wichtig sind. So erreichen Sie, dass er sich gut verstanden fühlt.
- Wenden Sie diese Technik nur an, wo es Ihnen gelingt, natürlich zu bleiben.

»Es gibt zwei Möglichkeiten, Karriere zu machen: Entweder man leistet wirklich etwas, oder man behauptet, etwas zu leisten. Ich rate zur ersten Methode, denn hier ist die Konkurrenz bei Weitem nicht so groß.«

Danny Kaye

DER KNICK IN DER KARRIERELEITER

#MeToo hat die Gesellschaft aufgeweckt. Aber es ruft auch schwarze Schafe auf den Plan, die die Debatte nutzen, um anderen zu schaden.

Höher, schneller, besser, weiter ... Wer Karriere in einem Konzern machen möchte, muss gut sein und Gas geben. Denn die Konkurrenz schläft nicht. Sicherlich braucht es auch das notwendige Quäntchen Glück und immer sogar ein dickes Fell. Reto Laschet, einundvierzig, kann ein Lied davon singen. Der gebürtige Schweizer hat sein ganzes Berufsleben lang im Pharmavertrieb gearbeitet. Immer für internationale Konzerne und die letzten zehn Jahre in verantwortungsvollen Positionen. Vor vier Jahren baute er den Vertrieb für ein neues Herzmedikament in der Schweiz auf. Seitdem ging es steil bergauf. Nun war der nächste große Sprung in Sicht. Er war der aussichtsreichste Kandidat für den Chefposten des Bereiches »Sales D-A-CH«. Damit hätte er den Vertrieb für alle Produktlinien in Deutschland, Österreich und der Schweiz verantwortet. Vorstand und Aufsichtsrat hatten bereits ihr grünes Licht signalisiert, da zerstörte ein anonymes Schreiben seine bis dahin makellose Bilderbuchkarriere.

Talentmanagement und ganz besonders die Förderprogramme für Führungskräfte waren das Steckenpferd des Vorstandsvorsitzenden. Im »War of Talents«, dem Kampf um die besten Mitarbeiter, kann heute nur gewinnen, wer wirklich etwas für seine Leute tut. Das Wort »wirklich« betonte er besonders. »Die dürfen gar nicht erst auf die Idee kommen, dass es woanders besser sein könnte«, hatte er schon bei seinem Amtsantritt im Führungskreis gesagt. Auch er war im Haus aufgebaut und nach und nach in mehr Verantwortung gebracht worden. Irgendwann war er dann ganz oben an der Spitze. »Ja, wir brauchen Manager von außen, die mit frischem Blick auf unsere Strukturen und Prozesse schauen. Aber noch wichtiger sind die Führungskräfte aus den eigenen Reihen, die unsere DNA verinnerlicht haben und unsere Kultur leben!« Diese Leitlinie wurde im Konzern auf allen Ebenen ernst genommen und gelebt. Natürlich monierte der Betriebsrat trotzdem jede Einstellung von externen Managern. Doch im Grunde war allen klar, dass die Quote der Externen im Vergleich zu den Eigenen gering war. Tatsächlich befand man sich in einer Luxussituation, was die Aufstiegsmöglichkeiten anging.

Auch bei Reto Laschet waren die Weichen früh gestellt worden. Er hatte sich die Entscheidung für Düsseldorf nicht leicht gemacht. Sein Sohn würde im September eingeschult. Eigentlich war der Zeitpunkt günstig. Um Leon dann nicht nach dem ersten oder zweiten Schuljahr aus seinem Umfeld zu reißen, hatten er und seine Frau entschieden: »Ganz oder gar nicht.« Eine Wochenendbeziehung wäre für sie kein Kompromiss gewesen, und auch er wollte seine Kinder aufwachsen sehen. Außerdem war der Job als Vertriebsleiter D-A-CH auch nur als Zwischenschritt geplant und spätestens dann hätte Düsseldorf gerufen. Seine Perspektive war es, dort nach etwa zwei Jahren die Geschäftsführung einer Tochtergesellschaft zu übernehmen. Und spätestens diese Chance hätte er sich nicht entgehen lassen können. Der Vertrag für die Doppelhaushälfte bei Düsseldorf war unterschrieben. Ein Mieter für die Eigentumswohnung in Zürich war zum 1. Oktober gefunden. Doch damit Leon sich vor seinem ersten Schultag noch etwas akklimatisieren konnte, wollte Frau Laschet alles bis spätestens Ende Juli über die Bühne gebracht haben.

So war der Umzug im vollen Gange, als ein anonymes Schreiben wie eine Bombe in das Leben der Familie Laschet platzte:

To Compliance Management (Einhaltung Richtlinien)
To Head of Human Resources (Leiter Personal)
To Head of Sales Europe (Leiter Vertrieb Europa)
To Chairman of the works committee (Betriebsrat)

Sehr geehrter Herr Dr. Norbert,
sehr geehrte Frau Dr. Detty,
sehr geehrter Herr Varga,
sehr geehrte Frau Vezer,
sehr geehrte Damen und Herren,

wir in der Schweiz sind in großer Sorge um die weitere Entwicklung der Geschäftsfelder Onko/Generika/OTC. Reto Laschet hat sich sicher verdient gemacht. Das wird nicht bestritten. Doch kann Ihnen sein Mangel an Kompetenz im Umgang mit Menschen nicht entgangen sein. Zahlen sind nicht alles. Keine andere Unit hat so eine hohe Kündigungs-/Krankheitsrate. Aber man schiebt ihn die Karriereleiter weiter rauf. Es kann nicht sein, daß durch das ständige Wegloben immer noch mehr Menschen unter diesem Sexisten leiden sollen. Sein Umgang mit »Mitarbeitenden«, gerade mit den weiblichen ist bodenlos. Mehr als übergriffig! Hier in Zürich sind seine Eskapaden und Affären kein Geheimnis. Eine »Lehrtochter« hat er im Fahrstuhl bedrängt. Gegen ihren Willen. Eine andere hat er zum Schwangerschaftabbruch getrieben. Man kann sich vorstellen warum. Jederzeit kann sie ihr Schweigen brechen. Wir hoffen das! Und Sie können damit rechnen, daß dann noch viel mehr zu Tage tritt.

In Zürich würde ihn keiner vermissen. Es bleibt nur mehr wenig Zeit, schlimmeres zu verhindern.

Auch wenn wir Schweizer gerne neutral sind und uns aus vielem heraus halten: Unrecht darf sich nicht durchsetzen!

Bitte unternehmen Sie etwas!

Dieser Text entspricht sinngemäß dem originalen Schreiben, Namen wurden geändert, Fehler wurden dem Original entsprechend sinngemäß übernommen.

Doch der Reihe nach: Das anonyme Schreiben erreichte die Konzernzentrale in Düsseldorf über die zuständige Compliance-Stelle. Dort ging es am 20. Juli ein. Vermutlich jeder Konzern und die meisten größeren Unternehmen unterhalten sogenannte Whistleblower-Systeme. Dabei handelt es sich um anonyme Anlaufstellen oder Kommunikationskanäle. Mitarbeiter sollen so die Möglichkeit haben, Hinweise über Missstände oder Regelverstöße zu melden, ohne dabei das Verhältnis zu Kollegen oder ihre beruflichen Entwicklungschancen aufs Spiel zu setzen. Entweder digital oder persönlich, per Ombudsmann, der absolute Vertraulichkeit zusichert. Dadurch sollen vor allem vorsätzliche Verstöße, zum Beispiel gegen interne Richtlinien, aber auch strafrechtlich relevantes Verhalten, wie Korruption, Vorteilsannahme, Betrug und unlautere Absprachen, verhindert werden. Themen, die für das Unternehmen Finanz- oder Reputationsschäden bedeuten könnten, sollen so schnellstmöglich erkannt werden. Ohne Hinweise aus der Belegschaft ist das oft schwierig, weil gerade bewusste Regelmissachtung häufig mit Verschleierung einhergeht.

Hinweisgeber, die zu Recht Missstände melden, landen nicht auf unseren Schreibtischen. Aber liegt das Motiv zur Meldung tatsächlich im Verantwortungsbewusstsein des Mitarbeiters? Oder sind die Vorwürfe frei erfunden und erlogen, um einem anderen zu schaden? Aus Rache, Wut oder Missgunst? Oder um sich selbst einen Vorteil zu erschleichen? Dann ist das sehr wohl ein Fall für uns!

Der anonyme Brief erreichte die Verantwortlichen auf dem Höhepunkt der medialen Berichterstattung zur #MeToo-Affäre. In Hollywood hatten sich immer mehr Schauspielerinnen geoutet, von einem Star-Produzenten sexuell bedrängt oder sogar vergewaltigt worden zu sein. Wegen einer bösen Gemengelage aus Schamgefühl, Karrierewunsch und Angst hatten viele von ihnen teilweise jahrzehntelang geschwiegen. Jetzt war das öffentliche Interesse überwältigend und die Berichte gingen um die Welt. #MeToo wurde zur

Bewegung. Jedermann war sensibilisiert und alle wussten, dass es sofort zum medialen Supergau kommen würde, wenn man den anonymen Vorwurf nicht zu 100 Prozent ernst nehmen würde. Der Angelegenheit musste sofort nachgegangen werden. Dann würde man schnell wissen, ob an den Vorwürfen etwas dran war oder – und auch das kommt regelmäßig vor – nicht.

Reto Laschet bekam als Letzter etwas davon mit. Sein neuer Arbeitsvertrag, der eigentlich nur noch reine Formsache war, ließ auf sich warten. Wegen irgendeines Themas in der Personalabteilung. Das kennt man in Konzernen. Die für den kommenden Montag terminierte Einführungsveranstaltung wurde abgesagt und auf unbestimmte Zeit verschoben. Wegen einer Terminkollision. Der Hauptbereichsleiter, sein direkter Vorgesetzter, war kurzfristig verhindert. Auf Nachfrage bekam Herr Laschet nur die lapidare Antwort: »Das ist Düsseldorf, besser Sie gewöhnen sich schnell daran«.

Zeitgleich begannen in Zürich die Befragungen. Unter dem Siegel der Verschwiegenheit befragte man Mitarbeiter und vor allem Mitarbeiterinnen. Von der Personalabteilung wurde eine Liste aller weiblichen Auszubildenden und Werkstudentinnen erstellt, die Reto Laschet in den letzten drei Jahren zugeordnet waren. Jede einzelne von ihnen wurde kontaktiert und zu möglichen Anzüglichkeiten befragt. Knapp die Hälfte von ihnen musste zunächst aufwändig recherchiert werden, da sie den Konzern längst verlassen hatten. Zum Schutz seiner Privatsphäre wurde der Name Reto Laschet dabei nicht genannt. Denn noch galt die Unschuldsvermutung. »Gab es im Arbeitsbereich XY unangemessenes Verhalten gegenüber Mitarbeiterinnen? Sind Ihnen entsprechende Vorfälle bekannt? Ist Ihnen in dieser Richtung etwas zu Ohren gekommen?« Die Fragen waren klar, aber neutral. Die Art und Weise, in der dann nachgehakt und hinterfragt wurde, ließ an der ein oder anderen Stelle dennoch den Hintergrund erkennen. So dauerte es nicht lange, bis Reto Laschet in Düsseldorf von den Befragungen in Zürich Wind bekam, die vermutlich ihn betrafen.

Das Ergebnis der Befragung hatte übrigens ein sehr klares Bild ergeben. Reto Laschet war eher für seine direkte und klare Kommunikation bekannt und weniger für Empathie und Einfühlungsvermögen. Er hatte kein Problem damit, sich gegen Widerstände durchzusetzen. Gerade in der oft schwierigen Anfangsphase von Projekten führte er besonders straff und ließ rechts und links nur wenig zu. Wenn dann alles seine Handschrift hatte und sich Strukturen, Prozesse und Abläufe etabliert hatten, ließ er die Zügel wieder lockerer. Das war sein Führungsstil und seiner Meinung nach auch eines seiner Erfolgsgeheimnisse. Aus den zahlreichen Personalentwicklungsgesprächen, die er im Rahmen seines Förderprogrammes turnusmäßig führte, wusste er auch, dass das einer der Gründe war, warum so großes Potenzial in ihm gesehen wurde.

»Ist es möglich, dass sexuelle Anschuldigungen gegen mich im Raum stehen und mir hier jeder nur dämlich ins Gesicht grinst, aber keiner einen Ton sagt?«, Laschet war dem offiziellen Termin mit ihm zuvorgekommen. Er hatte die Tür zum Büro seines Vorgesetzten so geladen aufgerissen, dass die Klinke krachend in der Trockenbauwand dahinter einschlug. »Was ist das denn für ein Irrenhaus hier?!«, platzte er mitten in ein Gespräch. Den beiden anwesenden Mitarbeitern war klar, dass das kein Thema war, das sich vertagen lassen würde. Sie warfen sich einen kurzen fragenden Blick zu, nickten zum Abschied und verließen spürbar verunsichert den Raum. »Ich bin leider noch nicht dazu gekommen, persönlich mit Ihnen zu sprechen. Das ist mein Fehler, entschuldigen Sie«, versuchte der Hauptabteilungsleiter die Situation einzufangen. Erfolglos. »Das ist ein Standardprozess. Niemand glaubt, dass an der Sache etwas dran ist. Wir stehen hinter Ihnen, sonst wären Sie nicht mehr hier. Aber MeToo und so. Wir konnten hier nicht anders vorgehen.« Während dieser Worte hatte er eine blaue Mappe geöffnet und

Laschet eine Kopie des anonymen Briefes über den Tisch geschoben.

Dieser Brief landete wenig später bei uns. Das Ergebnis der Befragungen konnte wie erwartet die Vorwürfe entkräften. Man hatte den Hinweis ernst genommen, überprüft, man hatte sich abgesichert. Für Compliance und Human Ressources war der Fall damit erledigt und die Akte wurde geschlossen. Für Reto Laschet war die Angelegenheit allerdings noch nicht vorbei. Irgendjemand hatte ihn in Zusammenhang mit schmutzigen, schmierigen, sexuellen Übergriffen gebracht. »Auch wenn an einer Sache nichts dran ist, irgendetwas bleibt immer haften«, hatte er selbst schon oft genug gesagt. Wenn es um andere ging. Und nun ging es das erste Mal um ihn selbst. Beinahe hätte ihn das seine Karriere gekostet. Ein denkbar unschöner Start in Düsseldorf. Seine Frau lächelte den Vorfall einfach weg. Sie vertraute ihrem Mann, wusste aber aus seinen Erzählungen auch, dass er sich in der Vergangenheit nicht nur Freunde gemacht hatte. Wenn es hart auf hart kam, hatte er sich meistens durchgesetzt. »Klar, dass dann mal irgendwann eine Retourkutsche kommt«, sagte sie beiläufig. Und hatte den Fall damit für sich erledigt.

Herr Laschet, der sonst extrem lösungs- und vor allem zukunftsorientiert handelte, konnte die Sache nicht auf sich beruhen lassen. Da gab es die Vertriebsassistentin, der er kündigen musste. Den Produktmanager für ein Herz-Kreislauf-Präparat, den er seit fast zwei Jahren links liegen ließ. Wäre er dessen disziplinarischer Vorgesetzter gewesen, hätte er ihm längst empfohlen, sich nach etwas anderem umzusehen. »Wenn einer es nach sechs Monaten noch nicht begriffen hat, dann begreift er es auch nicht mehr«, war seine Meinung. Keine Führungskraft hatte so regelmäßig das Ende der Probezeit genutzt, um sich von einem Mitarbeiter zu trennen. »Lieber ein Ende mit Schrecken als ein Schrecken ohne Ende«, ist auch heute noch seine Ansicht. Andere vergaben da mehr Chancen.

»Für mich ist der War of Talents keine Dauerausrede für weichgespülte Führung. Die Mitarbeiter, die ich brauche, finde ich auch! Ich muss nur lange genug suchen«, war seine feste Überzeugung. Mit seiner Art eckte er bei einigen an. Andere wussten die Vorteile zu schätzen. Man wusste bei ihm schnell, woran man war. Und in seinem Team gab es tatsächlich sehr viele Leistungsträger und alles lief auf Linie.

Beim ersten Lesen des anonymen Briefes fiel schnell auf, dass der Schreiber mit einiger Wahrscheinlichkeit kein gebürtiger Schweizer war. Und mit genauso hoher Wahrscheinlichkeit hatte auch sein schriftlicher Spracherwerb nicht in der Schweiz stattgefunden.

Je nach Bereich wurde im Konzern in verschiedenen Sprachen korrespondiert. Die Unternehmenssprache war grundsätzlich Englisch. Im Bereich D-A-CH wurde überwiegend Deutsch gesprochen und geschrieben. Innerhalb der Schweiz je nach Region Deutsch, Französisch oder Italienisch. Wenn Deutsch geschrieben wurde, dann allerdings so gut wie nie in Mundart. Bei persönlichen Nachrichten schreiben Schweizer sehr gern auch mal im Dialekt. »Hoi Reto, wie gahts dir? Häsch hüt scho öpis plant? Wämmer zäme go Znachtässe?« (Hallo Reto, wie geht es dir? Hast du heute schon etwas geplant? Wollen wir zusammen Abendessen gehen?) Das klingt für andere Deutschsprachige zuweilen etwas amüsant. Bei offiziellen Themen wurde auch innerhalb des Hauses und unter engeren Kollegen im Schriftdeutsch geschrieben.

Auffällig war, dass der anonyme Autor regelmäßig das »scharfe S« (»ß«) verwendet hatte. »Wir … sind in großer Sorge …«, »Es kann nicht sein, daß …«, »Sie können damit rechnen, daß …«. Und zwar durchgängig an allen Stellen entsprechend der deutschen Rechtschreibung vor 1996. Damals wurde »daß« zu »dass«. Eine Regel, die übrigens grundsätzlich auch für Österreich gilt. Dort hat sich diese Änderung allerdings bisher weniger durchgesetzt als in Deutschland. Die Schreibweise mit »scharfem S« begegnet uns in

Österreich erfahrungsgemäß noch wesentlich häufiger als in Deutschland. Selbst bei jüngeren Leuten. Warum wir hier überhaupt auf Österreich zu sprechen kommen, wird Ihnen gleich klar sein.

»Wir in der Schweiz …«, »Hier in Zürich …«, »Auch wenn wir Schweizer gerne neutral sind und uns aus vielem heraus halten …«. Diese – fast schon aufdringlichen – Aussagen passten nicht in das Gesamtbild. Wir gingen davon aus, dass der Anonymus hier bewusst eine falsche Fährte gelegt hat. Dafür gab es mehrere Indizien.

Das »scharfe S« ist für Schweizer eher ungewöhnlich. Wenn Sie in die Schweiz fahren und in irgendeinem Unternehmen in irgendeinem Büro auf irgendeine Tastatur schauen, werden Sie die Taste mit dem »scharfen S« vermutlich lange suchen. Die Schweizer Standard-Tastatur verfügt über dieses Zeichen nicht.

Auch durch Formulierungen wie »… hat sich sicher verdient gemacht.«, »Sein Umgang mit Mitarbeitenden …«, »Eine Lehrtochter …«, wollte der anonyme Autor wohl den Eindruck Schweizer Mundart erwecken. »Eine Lehrtochter« ist das Schweizer Pendant zum deutschen »Eine Auszubildende«. In Österreich wäre der Begriff »Lehrmädchen« gebräuchlicher gewesen.

Die Begriffe »Mitarbeitenden« und »Lehrtochter« sind in der Schweiz sehr wohl gebräuchlich. Doch hatte der anonyme Autor genau diese beiden Begriffe in Anführungszeichen gesetzt und damit als etwas Besonderes hervorgehoben. Die Frage war, ob ein Schweizer das tatsächlich auch so machen würde. Mit hoher Wahrscheinlichkeit eher nicht. Deshalb sprach mehr gegen einen Schweizer Autor als dafür.

In der Züricher Vertriebsmannschaft, die Reto Laschet bis vor Kurzem angeführt hatte, waren neben Schweizern und Deutschen auch zwei Amerikanerinnen und drei Asiatinnen beschäftigt. Alle fünf sprachen einen Mix aus Englisch und ganz passablem Schweizerdeutsch. Diese fünf konnte Herr Laschet sofort ausschließen:

»Das sind sehr gute Leute, die machen einen sehr guten Job, aber die E-Mails und Briefe von denen erkenne ich sofort. Von denen war es keine.« Auch ohne einen einzigen Vergleichstext gelesen zu haben, konnten wir diese Einschätzung sofort teilen.

Die Adressierung mit »To«, die englischen Funktionsbezeichnungen »Compliance Management«, »Head of Human Ressources«, »Head of Sales Europe« und »Chairman of the works committee«, waren im Unternehmen Standard. Auch die Bezeichnung »Unit« für einen Arbeitsbereich gehörte zum fest gebräuchlichen Jargon. Die Konzernsprache war in allen Bereichen von englischen Begriffen und Bezeichnungen durchzogen. Das galt nicht nur für den deutsch-, sondern selbstverständlich auch für den italienisch- und französischsprachigen Teil der Schweiz.

Außerdem waren uns sofort zwei andere Merkmale ins Auge gestochen. Die Formulierung »Es bleibt nur mehr wenig Zeit …« ist im österreichischen Sprachgebrauch häufiger zu finden. Das in Österreich gebräuchliche »nur mehr« entspricht dem in Deutschland gebräuchlicheren »nur noch«.

Ein weiteres, allerdings deutlich schwächeres Indiz in Richtung Österreich fand sich im Wort »Schwangerschaftabbruch«. Richtig wäre die Schreibweise »Schwangerschaftsabbruch« mit dem sogenannten Fugen-S gewesen. Die Schreibweise ohne S ist also falsch. Das gilt für Deutschland, Österreich und die Schweiz. Da in Österreich aber gern mal auf das Fugen-S verzichtet wird, wie zum Beispiel in »Adventkalender« oder »Schadenersatz«, fiel dies sofort auf.

Herr Laschet hatte es in seinem beruflichen Umfeld an mehreren Stellen mit Österreichern zu tun. Seiner Meinung nach hätte aber keiner von denen ein wirkliches Motiv für einen Angriff auf ihn gehabt. Weil ein konkreter Verdacht fehlte, waren unsere Ermittlungen für den Moment beendet. Wir würden wieder zum Einsatz kommen, sobald ein neuer Verdacht aufkam. Oder der nächste anonyme Angriff …

Reto Laschet war mittlerweile in Düsseldorf angekommen. Sein Verantwortungsbereich hatte sich deutlich vergrößert und er war vom »deutschen Tempo« beeindruckt. Der holprige Start war fast vergessen. Umso größer die Überraschung einige Monate später. In Wien wurde der nationale Vertriebsleiter über Nacht freigestellt. Er hatte in aller Stille seinen Wechsel zu einem der größten Mitbewerber vorbereitet. Mit einem kleinen Umweg über eine Tochtergesellschaft wollte man das arbeitsrechtliche Wettbewerbsverbot umgehen. Der Plan und die Trickserei flogen leider auf. Begleitet von einem Mitarbeiter aus der Personalabteilung konnte er morgens nur noch seine persönlichen Gegenstände aus dem Büro holen. Dann wurde er von der Konzernsicherheit zur Tür begleitet. Seine Zugänge und Berechtigungen für die EDV wurden gesperrt und die Belegschaft wurde mit einem knappen Statement informiert. So unwahrscheinlich es sich anhört: Am Nachmittag fand dann eine seiner Mitarbeiterinnen den Abriss eines Zettels zwischen Schreibtisch und Heizung …

Sehr geehrte Frau Vezer,
sehr geehrte Damen und Herren,

wir in der Schweiz sind in großer Sorge um die weitere Entwicklung der Geschäftsfelder Onko/Generika/OTC. Reto Laschet hat sich sicher verdient gemacht. Das wird nicht bestritten. Doch kann Ihnen sein Mangel an Kompetenz im Umgang mit Menschen

Monate zuvor hatte auch er sich für den Posten in Düsseldorf in Stellung gebracht, bei dem dann Reto Laschet zum Zug gekommen war. Düsseldorf hatte die Bewerbung des österreichischen Vertriebsleiters für diese Position allerdings nie ernsthaft in Betracht gezogen. Auch hier versuchte er es mit Tricksereien. Zugetraut hatte ihm das keiner. Man kann den Menschen eben nicht in den Kopf schauen. Oder wurden die Anzeichen übersehen? Auch wenn die Geschichte sehr unangenehme Schattenseiten hat: Eine solche Führungskraft zu verlieren, hat für ein Unternehmen sicher mehr Vorteile als Nachteile.

Wenn man das erste Mal bei seiner neuen Freundin ist und nicht weiß, ob man die Eltern duzen oder siezen soll: »Man reiche mir das Salz!«

KAPITEL 7:
EIN SPRACHPROFILER VERRÄT, WAS ANDERE WIRKLICH SAGEN

In den vorangegangenen Kapiteln haben wir daran gearbeitet, die geheimen Muster der Sprache zu entschlüsseln. Sie haben gelernt, wichtige Verhaltensmuster zu erkennen, und wissen nun auch, wie stark diese Muster auf unsere Sprache durchschlagen. Sie wissen jetzt genau, welche psychologischen Fallen bei der Bewertung von Informationen auf uns lauern und wie wir diese unschädlich machen können. Sie beherrschen ein ganzes Arsenal an psychologischen Tricks und kommunikativen Kniffen, die Ihnen den Umgang mit anderen leichter und angenehmer machen. Und die Geheimwaffen der Kommunikation, durch die Sie in Zukunft noch überzeugender und glaubwürdiger wirken werden. Ganz nebenbei haben Sie einen Blick hinter die Kulissen der Sprachprofiler geworfen und konnten einen Eindruck davon gewinnen, wie wir anonyme Täter anhand ihrer Sprachmuster überführen.

All das ist die Basis, um nun das Versprechen einzulösen, das wir Ihnen mit dem Buchtitel gegeben haben. Nun kommen wir zum Herzstück unserer gemeinsamen Mission Menschenkenntnis. Dazu wollen wir Sie mit dem bestmöglichen Handwerkszeug ausrüsten, damit Sie in Zukunft so treffsicher wie möglich herausbekommen, was andere wirklich sagen. Bedeutet ihre Antwort nun Ja oder Nein?

Meint er wirklich, was er sagt, oder hat er einen Hintergedanken? Ist die Verhandlung hier zu Ende, oder geht da noch was? Werden sie sich voll und ganz für mich einsetzen, oder ist das nur ein Lippenbekenntnis?

Stellen Sie sich die Szene mit dem Salz einmal bildhaft vor. Ihre fünfzehnjährige Tochter bringt zum ersten Mal ihren neuen Freund zum Abendessen mit nach Hause. Das Gespräch ist noch nicht wirklich warmgelaufen. Bislang hatten Sie ihn nur zwei- oder dreimal gesehen, irgendwo zwischen Tür und Angel, immer nur ganz kurz. Zu mehr als einem flüchtigen »Hallo« ist es dabei nicht gekommen. Nun sitzt der junge Mann Ihnen gegenüber, streckt seinen Arm quer über den Tisch und sagt tatsächlich: »Man reiche mir das Salz!«

Im selben Augenblick passiert in Ihrem Kopf genau das, was nun auch im Kino kommen würde: Die Szene friert für einige Sekunden ein. Die Welt steht für einen kurzen Moment still. Dann geht es weiter in Zeitlupe: Sie blicken direkt in seine Augen. Irgendetwas zwischen ungläubig und fragend. Gleichzeitig schießen Ihnen unzählige Fragen kreuz und quer durch den Kopf: »Hat er das gerade wirklich gesagt? Oder habe ich das nur gedacht?«, »Das ist jetzt nicht sein Ernst?«, »Leidet der Herr Hochwohlgeboren an Größenwahn?«, »Was geht denn mit dem ab?«, »Spinnt der?« … Dass es auch für ihn eine Premiere ist, das erste Mal bei den Eltern seiner Freundin im Kreuzverhör zu sitzen und gleichzeitig noch mit der großen Frage des Du oder Sie zu kämpfen, auf diese Idee kommen Sie erst einmal nicht.

Wie so oft im Leben. Beispiele wie dieses ziehen sich wie ein roter Faden durch dieses Buch. Und durch unseren Alltag. Wir können den Menschen nicht in den Kopf schauen. Spätestens an der Stirn ist Schluss. Wir können nicht Gedanken lesen, wir wissen oft nicht, was der andere wirklich denkt. Oder was er uns eigentlich sagen will. Auch wenn wir uns das gelegentlich einbilden.

DER WEG ZUR ABSOLUTEN KLARHEIT: VON DER VERMUTUNG ZUR SICHERHEIT UND VOM INDIZ ZUM BEWEIS

Natürlich gibt es die einfachen Fälle, in denen alles klar ist. Und wir sofort wissen: stimmt oder stimmt nicht. Die Erde ist keine Scheibe! Oft wissen wir, woher der Wind wirklich weht. Wenn er betont beiläufig fragt: »Schatz, hast du auch so Durst wie ich?«, weiß sie genau, was auf ihr Ja dann folgt: »Sehr gut, wenn du eh zum Kühlschrank gehst, dann bring mir doch bitte ein Bier mit!« Und ihm ist klar, was sie wirklich meint, wenn sie sagt: »Puh, Schatz, der Koffer ist aber schwer …«. Dann ist für ihn Schleppen angesagt. Insbesondere wenn wir den anderen sehr gut kennen oder wenn wir uns in der Sache/Angelegenheit/Situation bestens auskennen, ist unsere Trefferquote vermutlich ganz vernünftig. Hier liegen wir mit unserer Einschätzung sicher öfter richtig als falsch. Hier fällt es uns leicht, Entscheidungen zu treffen. Mit einem guten Gefühl. Dann hadern wir nicht mit uns selbst. Hier stellen wir uns nicht hundert Mal dieselben Fragen. Diese Situationen belasten uns auch wenig. Aber das sind dann meistens die Fälle, die auch nicht von größerer Bedeutung sind.

Für die etwas anspruchsvolleren Situationen halten Sie schon hervorragendes Handwerkszeug in den Händen. Bisher haben wir von »Indizien für …« oder »Hinweisen auf …« gesprochen. Damit können Sie mehr Schärfe, mehr Klarheit und mehr Sicherheit erlangen. Ihr Bild ist dann schärfer, die Sicht wird klarer und Ihr Gefühl am Ende sicherer. Es ist aber noch nicht richtig scharf, glasklar und super sicher. In vielen Fällen ist es möglich, von der Vermutung zur Klarheit und vom Indiz zum Beweis zu kommen. Auch wenn der andere aus Angst, Schamgefühl, Unsicherheit oder zum Schutz seiner Privatsphäre schweigt. Oder wenn er mit geheimen oder gemeinen Absichten nicht ausspricht, was er wirklich denkt.

FRAGEN, FRAGEN, FRAGEN

Immer wenn Sie ein komisches Gefühl haben, wenn Sie einen Braten riechen oder Ihnen irgendetwas unstimmig vorkommt, sollten Sie kritisch sein. Und sofort hinterfragen und nachhaken. Ob mit Fingerspitzengefühl oder mit der Brechstange, machen Sie von der Situation abhängig. Die richtigen Fragen zu stellen ist eine hohe Kunst. Das ist uns spätestens im Kapitel rund um das Thema Lüge und Wahrheit klargeworden. Doch das Gute ist: Fragen kostet nichts. Und der Einstieg ist einfach: »Habe ich richtig verstanden, dass du …?«, »Kann es sein, dass du vorhast, hier …«, »Weiß ich alles, was für mich wichtig ist?«

Wenn Sie glauben, eine unstimmige Reaktion, ein kurzes Stocken, ein längeres Innehalten, eine übertriebene oder erstaunlich distanzierte Reaktion wahrgenommen zu haben – haken Sie nicht nur nach, sondern sprechen Sie das auch an: »Ich habe das Gefühl, da ist noch irgendetwas!?«, »Mein Eindruck ist, der eigentliche Grund liegt woanders«, »Du hast nach meiner Frage gerade kurz gezögert. An was hast du da gedacht?«

WER FRAGT, DER KLÄRT – WENN ER ES RICHTIG MACHT

Oft bleiben wir mit unseren Fragen irgendwo an der Oberfläche und wundern uns dann, dass wir den anderen nicht wirklich verstehen. An der Oberfläche erfahren wir oft nur das, was auf den ersten Blick schon offensichtlich ist. Unser Gesprächspartner kann in seiner Komfortzone bleiben und muss sich nicht wirklich öffnen.

BOHREN SIE TIEFER: AUF DIE ANTWORT NACH DER ANTWORT KOMMT ES AN

»Warum hast du mir das nicht gleich erzählt?«, »Warum hast du nie Zeit für mich?« … Die erste Antwort, die wir auf eine Frage bekommen, bleibt oft an der Oberfläche. Diese Antwort ist naheliegend, so schmerzfrei wie möglich, geübt, vielleicht schon oft gegeben oder aus aktuellem Anlass gut vorbereitet. Allerdings lässt sie oft auch keine Rückschlüsse auf die wahren Motive und Hintergründe erkennen. Die meisten Menschen geben sich mit der ersten Antwort zufrieden. Und das ist ein Fehler, denn so richtig interessant wird es erst, wenn Ihnen der Blick hinter die Kulissen gelingt. Es lohnt sich, tiefer zu bohren. Die zweite Antwort hat oft mehr Aussagekraft als die erste. Bohren Sie noch tiefer. Bis zur Antwort nach der Antwort!

Den Schwarm Ihrer Tochter halten Sie, positiv formuliert, für etwas träge. Sie hatten von Anfang an den Eindruck, dass er etwas langsam ist. Auch gedanklich. Allgemeinbildung scheint nicht seine Stärke zu sein. Initiative, Aktivität und Vitalität sind Fremdworte für ihn. Und die Sache mit dem Salz hat Ihnen den Rest gegeben. Als er sich endlich verabschiedet hat, nehmen Sie Ihre Tochter zur Seite: »Was findest du denn an diesem Manuel so toll?« Das Wort »diesem« ist Ihnen versehentlich mit reingerutscht. Ihre Tochter ist so hin und weg von diesem Typen, dass sie diesen Ausrutscher aber gar nicht mitbekommen hat: »Der sieht so toll aus, diese blauen Augen und seine blonden Haare und dann riecht der noch so gut … .« So weit so gut! Sie wissen, auf die Antwort nach der Antwort kommt es an. Aber die kommt nicht von allein. Jetzt heißt es, einige psychologische Fallen zu umgehen. Die meisten Menschen stellen jetzt die nächste Frage, zu einem leichteren Thema, oder noch schlimmer, sie geben eine Antwort vor. Damit erfahren sie aber nichts über den anderen, sondern bestenfalls über sich selbst. Damit bleibt das Gespräch an der Oberfläche und die Wirklichkeit im Dunklen. Profis bohren tiefer: »Ja, er sieht wirklich gut aus. Und was gefällt dir noch an ihm?« Die zweite Antwort klebt manchmal noch etwas an der ersten: »Der ist voll cool drauf und soooo süß, und der ist nicht so wie die anderen Jungs … .« Also bohren Sie noch tiefer: »Okay. Was ist das Besondere an ihm?« Oft entsteht hier eine kurze Pause. Stille. Und das ist gut so! Die Stille ist ein Zeichen dafür, dass der andere gerade in sich geht. »Er ist nicht so ein Poser und Angeber … .« Sie bleiben am Ball: »Und was noch?« Das kleine »Was noch?« ist keine leichte Frage. Das Gegenteil ist der Fall. Diese so unschuldig klingenden zwei Worte bringen Ihr Gegenüber dazu, innezuhalten, in sich hineinzuhören, sich Gedanken zu machen: »Was ist es eigentlich wirklich, was mich so an ihm fasziniert?« Das geht tief und beantwortet sich oft nicht so einfach aus der Hüfte heraus. Darum ist die Antwort, die nach einer längeren Stille kommt, oft die interessanteste: »Sein Vater ist vor zwei Jahren bei einem Autounfall gestorben, das beschäftigt ihn sehr und seitdem redet er nicht so viel …«

Jetzt verlassen Sie die Oberfläche. Wenn Sie noch tiefer eintauchen wollen, halten Sie Blickkontakt und hören aufmerksam zu. Mit kurzen, positiven Bestätigungen halten Sie den Redefluss am Laufen: »Das ist wirklich krass!«, »Okay«, »Mhm«. Dann erfahren Sie mehr: »Jeden Samstag arbeitet er in einer Baustoffhandlung im Lager, und mittwochnachmittags auch, weil seine Mutter sich kein Taschengeld leisten kann und er bei der Miete hilft …« So kommen Sie nach und nach an Informationen über das Innerste. Auf die wahren Beweggründe. Informationen, mit denen Sie dann sehr sorgsam umgehen sollten!

MIT WERTEFRAGEN DECKEN SIE MOTIVE AUF

Auch Wertefragen bringen Sie weg von der Oberfläche, hinein in die Tiefe. Wertefragen sind Fragen nach dem WARUM. »Warum findest du den so toll?«, »Warum hast du das gemacht?«, »Warum hast du das nicht gesagt?« Warum, warum, warum. Fragen nach dem

Warum können sehr schnell plump, ausforschend und unangenehm wirken. Deshalb sollten Sie Ihre Wertefragen etwas cleverer formulieren: »Wie kommt Manuel mit der Situation klar?«, »Was möchtest du, dass deine Kollegen nach dem Projekt über dich erzählen?«, »Was sind die Tätigkeiten, die dir an deinem Job besonders viel Spaß machen?«, »An welche Momente erinnern Sie sich besonders gern zurück?«, »Weshalb haben Sie sich für einen Neunsitzer entschieden?«, »Worauf bist du stolz, wenn du an deine Familie denkst?«, »In der Zusammenarbeit mit deinen Kollegen, was ist dir besonders wichtig?«, »Wenn du deiner Tochter drei Dinge mitgeben könntest … welche wären das?«, …

Die Antworten auf solche Fragen ermöglichen einen tieferen Einblick in die Person. Hier haben wir die Möglichkeit, etwas über die Motive des andern zu erfahren. Die ihn antreiben, bestimmte Dinge zu tun oder zu lassen. Werte, wie zum Beispiel Verantwortungsbewusstsein, Verbindlichkeit oder Loyalität, werden sichtbar. Hier wird es langsam interessant. Aber es geht auch noch tiefer …

Kommunikationstipp vom Sprachprofiler

Wer fragt, erfährt auch etwas. Aber nur, wenn er es richtig macht! Durch diese Fragetechnik finden Sie heraus, was andere wirklich sagen:

- Je einfacher der Gesprächseinstieg, desto besser. Stellen Sie zu Beginn ein oder zwei einfache Fragen. So bleibt Ihr Gegenüber noch in seiner Komfortzone, aber redet sich schon mal warm.
- Achtung, stellen Sie aber maximal zwei, drei kleine Smalltalk-Fragen. Nach der vierten verlieren die meisten Gesprächspartner das Interesse. Außerdem wirken Sie dann oberflächlich/uninteressiert.
- Dann sollten Sie eine Wertefrage stellen. Eine Wertefrage ist eine Frage nach dem WARUM, aber cleverer formuliert.

Zum Beispiel: »Wie kam es dazu, dass ihr euch nähergekommen seid?« Oder: »Was ist Ihnen an der Zusammenarbeit mit Ihren Kollegen am wichtigsten?«

- Auf Wertefragen findet jeder eine Antwort! Anders als bei Fragen zu Politik, Wirtschaft, Wissenschaft, Kunst, Kultur, Theater, Philosophie oder Fußball.
- Die erste Antwort kommt oft schnell. Sie ist oft geübt, höflich und politisch korrekt. Deshalb hat die erste Antwort oft weniger wirkliche Aussagekraft.
- Haken Sie nach und bohren Sie tiefer: »Weswegen genau?«, »Was gibt es noch?«, »Okay, sind da ein oder zwei weitere Gründe?«
- Wenn vor einer Antwort eine Pause entsteht, ist das ein gutes Zeichen! Auf tiefe Fragen gibt es oft keine schnellen Antworten. Die Stille zeigt, dass Ihr Gegenüber in sich geht und dort nach der Antwort sucht.
- Halten Sie die Stille aus. Halten Sie Blickkontakt und warten Sie ab. Nicken Sie bestätigend und zeigen Sie Ihr Interesse.
- Geben Sie keine Antwort vor! Weichen Sie nicht auf leichtere Fragen aus!
- Die Antwort, die nach einer längeren Pause kommt, hat oft mehr Aussagekraft als die erste, schnelle Antwort.

UNTERSCHEIDEN SIE BEHAGEN UND UNBEHAGEN

Die Antworten, die auf Ihre Fragen kommen, sind das eine. Die unwillkürlichen, kurzen, kleinen, körperlichen Reaktionen das andere. Antwort hin, Antwort her. Das wirklich Entscheidende ist das Verhalten danach! Dieses gilt es zu erkennen und zu bewerten. Was dazu notwendig ist, ist keine Raketenwissenschaft. Sie müssen nicht treffsicher zuordnen können, was passiert mit der Blickrichtung des anderen, mit seinen Mundwinkeln, den Lippen, seinen Nasenflügeln, der Schulterhaltung oder den Zehenspitzen. In den meisten Fällen langt es, wenn Sie in der Lage sind, zwei ganz einfache Emotionen voneinander zu unterscheiden: Behagen und Unbehagen. Fühlt sich der andere gut oder schlecht? Ist alles im grünen Bereich, oder erkennen Sie Widerstände, Druck, Resistenzen oder irgendwelche Unstimmigkeiten? Wenn sein Gegenüber sich wohlfühlt, dann weiß der Kriminalist: Hier bin ich falsch! Er kann aufhören zu suchen und braucht keine einzige Frage mehr zu stellen. Alles andere wäre Zeitverschwendung. Wenn Ihr Gegenüber sich wohlfühlt, dann wissen Sie: Der Vorschlag, den Sie gerade gemacht haben, ist für ihn irgendwo im denkbaren Bereich. Er ist noch weit entfernt vom kritischen Punkt. Der steigt Ihnen nicht aus. Wenn der andere sich unwohl fühlt, weiß der Kriminalist: Hier wird es langsam spannend. Hier wird jeder Stein umgedreht und wirklich alles hinterfragt. Notfalls spielt er auf Zeit, aber er spielt weiter! Wenn Ihr Gegenüber sich unwohl fühlt, dann ist das für Sie ein Warnsignal. Hier sollten Sie achtsam sein und kritisch hinterfragen. Sonst könnte es sein, dass der andere Ihnen aussteigt. Ihr Angebot ist für ihn schwierig oder sogar undenkbar. Vielleicht braucht er in so einem Augenblick aber auch nur eine Information von Ihnen, um seine Situation wieder richtig bewerten zu können …

Kommunikationstipp vom Sprachprofiler

- Fühlt Ihr Gegenüber sich wohl, bedeutet das grünes Licht für Sie und Ihr Anliegen/Angebot.
- Fühlt Ihr Gegenüber sich unwohl, haken Sie nach, wo der Schuh drückt.

TESTEN, TESTEN, TESTEN

Das Prinzip dahinter ist einfach. Das Prinzip heißt: Testen! Eröffnen Sie mit einer Frage, setzen Sie ein Statement, stellen Sie eine Behauptung auf und achten Sie darauf, was dann zurückkommt. Je provokanter und extremer Ihre Behauptung ist, desto stärker wird auch die Reaktion des anderen ausfallen. Dabei dürfen Sie auch an Grenzen gehen oder Fakten schaffen. Dann können Sie einer Sache sicher sein, auf Ihre Aktion wird eine Reaktion folgen: Behagen oder Unbehagen.

Kommunikationstipp vom Sprachprofiler

- Testen Sie Ihr Gegenüber! Werfen Sie ein Statement in den Raum und achten Sie auf seine Reaktion. Fühlt er sich wohl oder nicht?
- Wichtig: Gehen Sie auf die Emotion, die Sie wahrnehmen, dann auch ein. Nur dann fühlt sich der andere ernst genommen.

VERHALTEN GEHT VOR WORT

Das Wort ist das eine, das Verhalten das andere. Und das Verhalten zeigt, was dem anderen wirklich wichtig ist! Wenn unser Gegenüber geschickt ist, könnte er uns den ganzen Tag lang anlügen, eventuell würden wir es nicht bemerken. Aber in dem Moment, in dem er eine Entscheidung trifft, sehen wir, was ihm wirklich wichtig ist. Dann sehen wir, wie er sich verhält. Die Zeit wird zeigen, was wirklich ist: Dann wissen wir, war es echtes Interesse – oder doch nur ein Strohfeuer? Entscheidet er sich dafür, Zeit mit mir zu verbringen oder lieber mit anderen? Entscheidet sie sich für Sicherheit und Struktur oder für das kalkulierte Risiko und Mut zur Lücke. Entscheidet sie sich für sich selbst und ihren eigenen Erfolg oder hat sie auch das Wohl der anderen im Blick? Entscheidet er sich für die Sache oder den Menschen? Verliert er unter Druck die Kontrolle oder bewahrt er einen kühlen Kopf? Setzt er auf Altbewährtes oder lieber auf visionäres Neues? Setzt sie sich für mich ein oder hält sie die Füße still? Beteiligt sie sich wie zugesagt an dem gemeinsamen Vorhaben oder sieht und hört man von ihr nichts mehr … Spätestens dann wissen wir, woran wir sind! Mit jedem Verhalten schafft unser Gegenüber Tatsachen. Das Verhalten gilt es wahrzunehmen, und noch wichtiger: Es gilt es ernst zu nehmen. Wer sich sein Gegenüber trotz deutlicher Warnhinweise immer noch schönredet oder immer wieder entschuldigende Erklärungen für die ständig schlechter werdende Situation findet, der hat sein Schicksal selbst bestimmt. Sich die Sache schönzureden verlängert oft das Leid. Ihnen wird das nun nicht mehr passieren, denn Sie wissen: Verhalten geht vor Wort!

Kommunikationstipp vom Sprachprofiler

- Achten Sie auf das Verhalten des anderen. Was macht er und was lässt er? Welche Reaktion zeigt er, welche Entscheidungen trifft er?
- Das Verhalten Ihres Gegenübers hat am Ende mehr Aussagekraft als sein Wort.

EINMALIGE BEOBACHTUNG ODER SYSTEMATISCHES VERHALTEN?

Eine der wichtigsten Regeln lautet: »Eine einmalig gemachte Beobachtung hat nie eine besonders hohe Bedeutung oder Aussagekraft!« Spannend wird es erst dann, wenn wir dieselben Verhaltensmuster immer und immer wieder beobachten können. Zu verschiedenen

Zeitpunkten, bei verschiedenen Angelegenheiten, immer und immer wieder. Erst dann entwickelt sich nach und nach ein stimmiges Bild. Und erst dann hat es eine gewisse Tragkraft! Die Tragkraft, die Ihnen hilft, Ihre eigenen Entscheidungen richtig zu treffen. Die es Ihnen leicht macht, vollen Herzens Ja zu sagen oder sich mit Fug und Recht abzugrenzen. Ab diesem Moment fallen Sie auf kein Lippenbekenntnis mehr herein. Und Sie haben die Kraft, aus voller Überzeugung auch mal Nein zu sagen. Oder sich zu 100 Prozent einzusetzen, weil Sie wissen, die Sache ist es wert.

Kommunikationstipp vom Sprachprofiler

Eine einmal gemachte Beobachtung hat wenig Bedeutung und Aussagekraft. Erst wenn sich bestimmte Verhaltensweisen regelmäßig zeigen, entsteht langsam ein aussagekräftiges Bild.

Nun sind Sie eingeweiht in die geheimen Muster unserer Sprache. Was andere wirklich sagen? Eine hundertprozentige Trefferquote gibt es nicht. Aber mit den Tipps und Tricks aus diesem Buch können Sie die maximale Klarheit für sich gewinnen. Das Wasser, mit dem Sie jetzt kochen, ist heiß! Und falls es jemals jemand wagen sollte, Sie anonym anzugreifen: Sie sind gerüstet!

Wir wünschen Ihnen eine gute Zeit!
Und vergessen Sie nicht: Gesicht zeigen!

Herzliche Grüße
Ihr *Patrick Rottler* & Ihr *Leo Martin*

GLOSSAR

Auf den nachfolgenden Seiten finden Sie einige zentrale Begriffe aus diesem Buch, die vielleicht einer Erklärung bedürfen. Sie lernen also im Idealfall noch ein paar spannende Fakten rund um Sprache, Kriminalistik und Recht, die beim Sprachprofiling relevant sind. Dieses Glossar erhebt keinen Anspruch auf Vollständigkeit, sondern versucht die wichtigsten Fachbegriffe, die im Rahmen dieses Buches fallen, kurz und prägnant zu erklären.

Adjektiv
Substantiv, Neutrum [*das*]
Ein Adjektiv kennzeichnet eine Sache oder eine Person mit einer bestimmten Eigenschaft, zum Beispiel »das **schöne** Haus« oder »der **alte** Mann«.

Adverb
Substantiv, Neutrum [*das*]
Ein Adverb kennzeichnet einen Vorgang, eine Tätigkeit oder einen Zustand mit einer bestimmten Eigenschaft, zum Beispiel »Ich denke **oft** an dich«.

Beleidigung
Substantiv, feminin [*die*]
Als Beleidigung zählen Handlungen, Äußerungen und Gesten, welche die Ehre eines anderen verletzen. Nach § 185 Strafgesetzbuch wird eine Beleidigung mit Freiheitsstrafe bis zu einem Jahr oder mit Geldstrafe bestraft.

Daktyloskopie
Substantiv, feminin [die]
Die Daktyloskopie beschreibt die wissenschaftliche Beschäftigung mit dem Fingerabdruck. In der Kriminalistik wird sie als Identifikationsverfahren verwendet. Entgegen der allgemeinen Meinung sind Fingerabdrucke als Beweismittel in Kriminalfällen nicht unumstritten.

DNS/DNA
Substantiv, feminin [die]
DNS ist die Abkürzung von **D**esoxyribo**n**uklein**s**äure, üblicher ist der englische Begriff DNA, wobei das A von Acid kommt. Sie ist Träger der Erbinformation von Menschen, Tieren, Pflanzen, Bakterien und Viren. Die DNA bestimmt den Aufbau unseres Organismus. In der Kriminalwissenschaft gilt die DNA als wichtiges Beweismittel, weil sie einzigartig ist und sich von Mensch zu Mensch unterscheidet. Dadurch ist eine eindeutige Identifizierung möglich.

Erpressung
Substantiv, feminin [die]
Eine Erpressung ist die Androhung von Gewalt oder eines anderen Nachteils mit dem Ziel der eigenen Bereicherung oder der Bereicherung eines Dritten. Eine (versuchte) Erpressung wird gemäß § 253 Strafgesetzbuch mit einer Geldstrafe oder einer Freiheitsstrafe von bis zu fünf Jahren bestraft.

Forensik
Substantiv, feminin [die]
Die Forensik ist der Oberbegriff aller wissenschaftlichen und technischen Gebiete, die zur Untersuchung von kriminellen Handlungen dienen. Dazu zählen die Forensische Linguistik, genauso wie zum Beispiel die Phonetik, die Ballistik, die IT-Forensik oder die Toxikologie.

Forensische Linguistik
Substantiv, feminin [die]
Die Forensische Linguistik ist eine Teildisziplin der Linguistik, die sich mit geschriebener Sprache im Zusammenhang von kriminalistischen Fragestellungen und Ermittlungen beschäftigt.

Homonym
Substantiv, Neutrum [das]
Ein Homonym ist ein Wort, das mehrere Bedeutungen hat. So kann das Wort »Bank« gleich drei verschiedene Bedeutungen haben. Sitzbank, Sandbank, Geldinstitut. Somit ist Homonym der Gegenbegriff zum Synonym.

Katalogstraftat
Substantiv, feminin [die]
Katalogstraftaten sind Straftaten, die aufgrund ihrer besonderen Schwere oder Relevanz in einem gesonderten Katalog geführt werden und bei denen Behörden zu besonderen Ermittlungsmaßnahmen ermächtigt sind. Zu den Katalogstraftaten gehören unter anderem Mord, Terrorismus, Bandenkriminalität und Straftaten gegen die Bundesrepublik Deutschland.

Komparativ
Substantiv, maskulin [der]
Der Komparativ bezeichnet die erste Steigerungsstufe von Adjektiven, die einen Vergleich ausdrückt. »Schöner« ist zum Beispiel der Komparativ von »schön«.

Konjunktiv
Substantiv, maskulin [der]
Der Konjunktiv ist eine spezielle Aussageweise, die ausdrückt, dass eine Handlung nicht gesichert oder fix ist, sondern sich mehr im Bereich des Möglichen befindet, zum Beispiel »ich müsste« statt »ich muss«. Deswegen nennt man den Konjunktiv auch Möglichkeitsform. Wir verwenden den Konjunktiv auch dann, wenn wir uns etwas wünschen (»Ich wünsche mir, dass du netter wärst.«) oder wenn wir wiedergeben, was jemand anderes gesagt hat (»Er hat gesagt, du seist schuld.«). Der Konjunktiv stellt also immer auch eine gewisse Distanzierung des Sprechers von der Aussage dar. Deswegen wird er in der Sprache als weich und unkonkret wahrgenommen.

Lehnwort
Substantiv, Neutrum [das]
Ein Lehnwort ist ein Wort, das aus einer Sprache in eine andere Sprache übernommen wird. Ein Germanismus ist beispielsweise ein Wort aus dem Deutschen, das seinen Weg in andere Sprachen gefunden hat, wie »kindergarten« im Englischen oder »фейерверк« (gesprochen: fejerwerk) im Russischen.

Linguistik
Substantiv, feminin [die]
Als Linguistik bezeichnet man die Sprachwissenschaft, bei der es um die Erforschung von menschlicher Sprache geht. Sie beschäftigt sich unter anderem mit der Entstehung von Sprache, mit mündlicher und schriftlicher Kommunikation, verschiedenen Sprachgruppen oder auch den Anwendungsgebieten von Sprache, beispielsweise im Sprachunterricht.

Majuskel
Substantiv, feminin [die]
Majuskel ist der Fachbegriff für einen Großbuchstaben. In der deutschen Sprache werden alle großen Buchstaben am Anfang eines Satzes oder die groß geschriebenen Buchstaben bei Namen als Majuskeln bezeichnet (siehe auch »Nomen«.) Oft werden Großbuchstaben in der Schriftsprache zur Betonung verwendet. In der Onlinekommunikation kann ein Wort oder Satz in Großbuchstaben als Schreien empfunden werden, zum Beispiel: »WAS SOLL DAS?«

Metapher
Substantiv, feminin [die]
Eine Metapher ist ein Stilmittel und bezeichnet die Übertragung bildhafter Ausdrücke in einen neuen Kontext, wie etwa »die Nadel im Heuhaufen suchen« als bildhafte Beschreibung einer aussichtlos erscheinenden Aufgabe.

Minuzie
Substantiv, Pluralwort
Als Minuzien bezeichnet man in der Kriminalistik die Endungen, Verzweigungen, Gabelungen und Schleifen der Papillarlinien des Fingerabdrucks. Diese besonderen Merkmale werden zur Personenidentifizierung abgeglichen. In Deutschland sind zwölf solcher Minuzien nötig, um die Übereinstimmung zweier Fingerabdrücke feststellen zu können.

Nominalisierung
Substantiv, feminin [die]
Als Nominalisierung (auch »Substantivierung«) bezeichnet man die Bildung eines Hauptwortes aus einem Verb oder Adjektiv. Da sie grammatikalisch ein Nomen darstellt, besitzt sie einen Artikel und wird großgeschrieben, zum Beispiel: »Ich liebe das Tanzen«, »die Schöne und das Biest«.

Nötigung
Substantiv, feminin [die]
Eine Nötigung ist die Androhung von Gewalt oder eines anderen Nachteils, um jemanden zu einer Handlung oder Unterlassung einer Handlung zu bewegen. Im Gegensatz zur Erpressung ist bei der Nötigung nicht das Motiv der Bereicherung notwendig. Die (versuchte) Nötigung wird gemäß § 240 Strafgesetzbuch mit einer Geldstrafe oder einer Freiheitsstrafe von bis zu drei Jahren bestraft. Ein besonders schwerer Fall von Nötigung liegt zum Beispiel dann vor, wenn der Täter ein Amtsträger ist und so seine Befugnisse missbraucht.

Papillarleiste
Substantiv, feminin [die]
Papillarleisten bezeichnen die charakteristischen Linien der Haut an den Fingern. Die Form dieser Linien ergibt das typische Bild eines menschlichen Fingerabdrucks. Siehe auch Minuzie.

Präpositionalphrase
Substantiv, feminin [die]
Eine Präpositionalphrase ist eine abgeschlossene Wortgruppe, die von einem Verhältniswort, einer Präposition, eingeleitet wird, zum Beispiel »wegen der zahlreichen Beweise«. Weitere Beispiele für Präpositionen sind »bis«, »hinter«, »nach« oder »trotz«.

Profiling
Substantiv, Neutrum [*das*]
Der aus dem Englischen stammende Begriff »Profiling« beschreibt nichts anderes als die Erstellung von Persönlichkeitsprofilen. Profiling wird in der Kriminalistik genutzt, um einen Tätertyp zu ermitteln. Der Begriff stammt ursprünglich aus den USA. In Deutschland wird in der Kriminalistik von der Operativen Fallanalyse gesprochen. Darüber hinaus findet das Profiling aber auch in vielen anderen Gebieten Anwendung. Etwa im beruflichen Kontext, beispielsweise bei der Suche nach passenden Persönlichkeitstypen im Bewerbungsprozess. Oder in der Politik bei der Entwicklung von maßgeschneiderten Wahlkampfkampagnen für bestimmte Zielgruppen.

Rasterfahndung
Substantiv, feminin [*die*]
Die Rasterfahndung ist eine digitale Ermittlungsmethode, bei der größere Datenmengen miteinander abgeglichen werden. Durch Anwendung verschiedener Merkmale, die für die Suche relevant sind, wird der Personenkreis von möglichen Verdächtigen nach und nach eingegrenzt.

Rhetorik
Substantiv, feminin [*die*]
Die Rhetorik ist die Kunst des Redens. Im Zentrum steht dabei die Aufgabe, eine Rede so zu gestalten, dass die Zuhörer bestmöglich folgen, die Aussagen im Gedächtnis behalten und im Idealfall von den Argumenten des Redners überzeugt werden. In der Rhetorik beschäftigt man sich zum Beispiel mit der Verwendung von sprachlichen Mitteln und anderen Elementen der Überzeugungskunst.

Synonym
Substantiv, Neutrum [*das*]
Ein Synonym ist ein Wort, das die gleiche oder zumindest ähnliche Bedeutung wie ein anderes Wort hat. Zwei Wörter sind also Synonyme, wenn sie ohne Sinnveränderung ausgetauscht werden können, beispielweise: »Geschenk«, »Mitbringsel« und »Gabe«.

Textsorte
Substantiv, feminin [*die*]
Eine Textsorte ist eine Gruppe von Texten, die sich durch gemeinsame Merkmale klassifizieren lässt. Beispielsweise sind Briefe, E-Mails, Kurznachrichten, Bekennerschreiben oder Blogeinträge unterschiedliche Textsorten, weil sie alle unterschiedlichen Produktionsbedingungen unterliegen und sich unter anderem in der äußeren Darstellungsform und im Sprachgebrauch unterscheiden und zudem jeweils spezifischen Regeln unterliegen. In der Forensischen Linguistik und der Autorenidentifizierung ist die Textsortengleichheit, also die Vergleichbarkeit von zwei Texten bezüglich der Textsorte, eines der wichtigen Qualitätskriterien.

Transliteration
Substantiv, feminin [*die*]
Wenn Wörter aus einer Sprache ins Deutsche übertragen werden, die nicht auf lateinische Buchstaben zurückgreift, so spricht man von Transliteration. Beispielsweise passiert das bei Namen von russischen Staatsbürgern, wenn sie einen deutschen Pass erhalten. Schwierigkeiten bestehen dann oft bei Zeichen, die es im lateinischen Alphabet nicht gibt.

Üble Nachrede
Substantiv, feminin [*die*]
Wer in Bezug auf jemand anderen eine unwahre Tatsache behauptet, die diesen in der öffentlichen Meinung herabwürdigt, macht sich gemäß § 186 Strafgesetzbuch der üblen Nachrede strafbar.

Verb
Substantiv, Neutrum [*das*]
Ein Verb ist eine Wortart, die eine Tätigkeit, ein Geschehen, einen Vorgang oder einen Zustand bezeichnet, zum Beispiel: »schreiben« oder »überprüfen«.

Verleumdung
Substantiv, feminin [*die*]
Eine Verleumdung ist nach deutschem Strafrecht, gemäß § 187 Strafgesetzbuch, die Behauptung oder Verbreitung von wissentlich unwahren Tatsachen, durch die der Betroffene in der öffentlichen Meinung herabgewürdigt wird. Im Unterschied zur üblen Nachrede erfolgt die Verleumdung trotz des Wissens, dass die Behauptung falsch ist. Auf Verleumdung kann eine Freiheitsstrafe von bis zu zwei Jahren verhängt werden. Wird die Verleumdung öffentlich oder mithilfe von Schriften verbreitet, kann die Freiheitsstrafe bis zu fünf Jahre betragen.

Versal
Substantiv, maskulin [*der*]
Als Versal bezeichnet man einen Großbuchstaben. Meist findet man dieses Wort nur im Plural als »Versalien«. Es ist gleichbedeutend zu Majuskel.

Wortmarke
Substantiv, feminin [*die*]
Das Markenrecht ermöglicht es, Begriffe als Wortmarken eintragen zu lassen, zum Beispiel mit dem Ziel, den Markennamen eines Produkts vor Missbrauch zu schützen. Es kann aber nicht jedes beliebige Wort geschützt werden. Besonders für Wortmarken gilt, dass keine Wörter aus dem allgemeinen Sprachgebrauch oder reine Tätigkeitsbeschreibungen, wie Berufsbezeichnungen, geschützt werden können. Im Rahmen des Markenrechts können die Analysen der Forensischen Linguistik von Bedeutung sein, wenn es beispielsweise um die Frage nach der Verwechslungsgefahr von Markennamen oder die Gewöhnlichkeit im Sprachgebrauch geht.

TIPPS ZUM WEITERLESEN

KOMMUNIKATION & MENSCHENKENNTNIS

[1] Martin, Leo: Ich krieg dich! Die Kunst, Menschen zu gewinnen. Ein Ex-Agent verrät die besten Strategien, München, Neuausgabe 2018
[2] Gassert, Marc: Alles ist schwer, bevor es leicht wird, München 2013
[3] Rebmann, Frank: Der Stärken-Code, Frankfurt 2017
[4] Schranner, Matthias: Verhandeln im Grenzbereich, München 2001
[5] Staniek, Patricia: Status. So verschaffen Sie sich Ansehen, Gehör und Respekt, Berlin & Wien 2019
[6] Nasher, Jack: Durchschaut. Das Geheimnis, kleine und große Lügen zu entlarven, München, 2010

SPRACHPROFILING

[1] Coulthard, Malcolm / Johnson, Alison: The Routledge Handbook of Forensic Linguistics, London & New York 2010
[2] Dern, Christa: Autorenerkennung. Theorie und Praxis der linguistischen Tatschreibenanalyse, Stuttgart 2009
[3] Huylmans, Heinz: Forensische Linguistik. Aus der Praxis für die Praxis, in: Die Polizei, Nr. 4 (1991), 99–101.
[4] Kniffka, Hannes: Working in Language and Law. A German Perspective, Basingstoke 2007.
[5] Olsson, John: Forensic Linguistics, London & New York 2008
[6] Weinrich, Harald: Textgrammatik der deutschen Sprache, 4. Aufl., Hildesheim, Zürich & New York 2007

KONTAKT

Finden Sie uns im Internet:
www.sprachprofiler.de
www.sprachprofiler.de/blog

Folgen Sie uns unauffällig:
Facebook.com/forensischetextanalyse
Instagram.com/sprachprofiler

Kontakt zum Sprachprofiler:
info@sprachprofiler.de

STICHWORTVERZEICHNIS

HEYNE
LEOMARTIN
ICH KRIEG DICH!
+++ Menschen für sich gewinnen +++
Ein Ex-Agent verrät die besten
Strategien +++

SPRACHPROFILER.DE
FORENSISCHE TEXTANALYSE
Wir überführen anonyme Täter.
ANONYME BRIEFE?
Sie erhalten anonyme Briefe oder E-Mails, in denen Sie anonym bedroht, verleumdet oder erpresst werden? Wir können helfen.
www.sprachprofiler.de